특별하지도
모자라지도
않은

호호 아줌마의 장애 인권 이야기

특별*하지도
모자라지도
않은

글 김효진 | 그림 김숙경

웃는돌고래

저는 지체 장애를 갖고 있는
호호 아줌마입니다

여러분, 안녕하세요? 저는 호호 아줌마
예요. '잘 웃어서 호호 아줌마인가?'
생각하는 분도 있을 테죠.

90년대 이후에 태어난 어린 친구들은 잘 모를 수도 있는데
'호호 아줌마'는 80년대에 텔레비전에서 방송되었던 만화 영
화의 주인공이에요. "방글방글 아줌마 투덜투덜 아저씨~"로
시작되는 주제가 꽤 유명하지요. 〈호호 아줌마〉는 원래 노
르웨이의 동화작가 알프 프로이센의 작품이었는데 텔레비전
만화 영화 시리즈로 만들어졌어요.

만화 영화 속 호호 아줌마는 항상 숟가락 목걸이를 목에

특별하지도, 모자라지도 않은

걸고 다녀요. 주변 동물 친구들이 위험에 빠지면 찻숟가락 크기로 작아져서 새와 다람쥐를 타고 다니며 친구들을 구해 줘요. 포근한 미소를 띤 호호 아줌마의 활약이 대단했어요.

오래전에 누군가가 저를 보고 호호 아줌마를 닮았다고 하더군요. 저는 그 말이 마음에 들었어요. 작은 키에 통통한 몸집은 물론, 호호 아줌마의 지혜와 모험심까지 닮았다는 말이었으니까요. 저도 호호 아줌마처럼 남들보다 몸집이 작아도 기죽지 않고, 나보다 약한 사람들 편에 서는 사람이 되고 싶었거든요. 그래서 주저 없이 별명으로 삼게 되었어요. 그러니까 여러분들도 앞으로 저를 '호호 아줌마'로 불러 주세요.

여러분은 장애인의 삶에 대해서 얼마나 알고 있나요?

가족이나 친척, 친구같이 가까운 사람 가운데 장애인이 있는 분이라면 어느 정도 알고 있을 거예요. 하지만 대부분은 장애인이 낯설 거예요.

장애인은 '내 삶과는 관계없는 낯설고 먼 존재'로 여겨지나요? 그건 장애인과 비장애인이 어울려 살 수 있는 준비가 아직 되어 있지 않기 때문이랍니다. 그래서 지금부터 호호 아줌마가 장애에 대한 이야기를 해 보려고 해요.

우선 제 이야기부터 해 볼 게요. 저는 만화 영화 속 '호호 아줌마'처럼 키가 작아요. 다른 형제들은 키가 큰데 저만 작은 걸 보면 장애 때문인 것 같기도 해요. 저는 다리가 불편한 장애인 이거든요.

저는 세 살 무렵 소아마비라는 병에 걸렸어요. 열이 심하게 나서 홍역인 줄 알았는데, 열이 떨어지면서 허리부터 다리까지 마비되었대요. 그때부터 남들처럼 걸을 수 없게 되었죠. 이렇게 신체적 기능에 손상이 생긴 것을 '지체 장애'라고 해요.

두 다리가 마비되었기 때문에 걸을 때 양쪽 목발을 짚고 걸어요. 처음에는 목발 사용도 서툴고 걸음도 아주 느렸어요. 하지만 몇 년 뒤 목발을 사용해 걷는 데 익숙해질 수 있었지요. 오른쪽 다리에는 보조기를 끼고 있어요. 왼쪽 다리보다 훨씬 약하기 때문에 잘 움직이도록 도와줄 기구가 필요하니까요. 보조기 덕분에 집 안에서는 목발 없이도 어느 정도 걸을 수 있고 집안일도 할 수 있어요.

가까운 동네 마트나 병원에 갈 때는 전동 휠체어를 타고 다녀요. 전동 휠체어 덕분에 매장을 돌아다니거나 무거운 짐을 드는 데 훨씬 편해요. 사무실에 가거나 다소 먼 길을 나설 때는 직접 자동차를 운전하지요. 버스나 지하철 등 대중교통을 이용하기에는 불편한 점이 너무 많으니까요.

장애인들도 비장애인과 마찬가지로 대중교통을 원활하게 이용할 수 있어야 하는데, 아직까지 우리나라는 그런 환경이 제대로 갖춰지지 않았어요. 이런 이야기는 앞으로 자세하게 해 볼게요.

혹시 장애인은 하루종일 집에서만 지낸다고 생각하진 않나요? 간혹 길에서 마주치는 장애인에게 "왜 집에 있지 않고 힘들게 돌아다니느냐."는 말을 하는 분들이 있어요. 하지만 어떻게 집에서만 지낼 수 있겠어요?

호호 아줌마는 집에만 있지 않았어요. 중학교, 고등학교도 다녔고, 대학에서는 문학을 공부했어요. 장애인들이 교육받기 힘든 우리나라에서는 그나마 운이 좋았던 편이지요. 제 부모님은 장애를 갖고 살아가려면 많이 배워야 한다는 생각이 강했거든요. 덕분에 어려운 형편 속에서도 아낌없는 지원을 받으며 학교를 다닐 수 있었어요. 그래서 지금 이렇게 하고 싶은 이야기를 마음껏 글로 표현할 수 있게 되었으니 참 감사한 일이지요.

지금 저는 장애인 인권 운동을 하고 있어요. 장애인들이 겪는 문제가 어디에서부터 시작됐고, 그 문제를 해결하기 위해서는 어떻게 해야 하는지 많은 사람들의 의견을 모아 장애인도 살기 좋은 세상을 만드는 활동이랍니다. 그러다 보니 많은 장애인을 만나고, 여러 토론회에도 참석해요. 장애인과 관련된 일을 하는 여러 사람들과 끊임없이 힘을 합쳐야 하니까요.

해외에 나가 여러 나라 장애인들과 자주 만났어요. 미국 뉴욕에 있는 유엔 본부에 가서 유엔장애인권리협약을 제정하기

장애 인권 운동을 위해 유엔 에스캅에서 열린 국제회의에 참석한 필자

특별하지도, 모자라지도 않은

위한 활동에 참여한 것이 가장 보람 있었어요. 전 세계 장애인 중에서 특히 힘들게 살아가고 있는 아시아·태평양 지역 장애인의 권리를 실현하기 위한 활동에 앞장섰지요.

저는 장애에 대해 많은 사람들에게 알리고 싶어 몇 권의 책을 썼어요. 그리고 2014년에는 《깡이의 꽃밭》이라는 장편 동화도 냈지요. 오랫동안 꿈꾸어 왔던 동화작가의 길에 접어든 거죠. 사실 이 동화는 올해 열네 살 된 찬이 덕분에 세상의 빛을 보게 되었어요. 찬이와 이야기를 나누다 보면 어릴 적 생각이 나곤 하는데, 그때마다 틈틈이 써 둔 글을 동화로 엮게 되었답니다.

찬이가 누구냐고요? 제가 마흔셋에 얻은 귀한 아들이에요. 마흔한 살 나이에 결혼을 하면서 아이가 생길 줄은 꿈에도 몰랐어요. 그런데 우리 부부 사이에서 아이가 태어났으니 얼마나 기뻤겠어요?

하늘이 보내 준 선물이라고 생각하지요.

그 아이가 잘 자라 이제 사춘기에 들어섰는지 점점 까칠하게 굴고 있어요. 저한테도 어찌나 입바른 소리를 하는지 가끔은 눈치도 보게 된다니까요. 여전히 사랑스러운 아들인 건 변

함없지만요.

찬이가 어떤 청년으로 자랄지, 찬이와 함께하는 그 시간 동안 저는 또 얼마나 성장할지 생각하면 가슴이 떨린답니다. 찬이가 살아갈 세상은 편견이나 차별이 없는, 지금보다 더 좋은 세상이었으면 하는 꿈을 꾸지요. 그 꿈을 현실로 만들기 위해 여러분에게 이 이야기를 하기로 마음먹었는지도 몰라요.

이제부터 제가 들려주는 장애에 대한 이야기는 어쩌면 조금 지루할 수도 있어요. 하지만 귀담아 들으면 생각이 한 뼘 자라나는 경험을 하게 될 거예요. 사람은 다양한 사람들, 더 넓은 세상을 만나며 생각이 넓어지고 깊어지기 마련이잖아요? 그 다양한 사람들 중에 당연히 장애인도 포함되어 있어요. 장애인들이 어떻게 살아가고 있는지, 장애인들이 자유롭고 평등하게 살아갈 수 있는 사회는 어떤 사회인지 같이 한번 생각해 봐요.

장애가 없는 나와는 아무 상관없는 이야기라고요?
정말 그렇게 딱 잘라 말할 수 있을까요?

특별하지도, 모자라지도 않은

장애인이 살기 좋은 사회는 장애가 없는 사람도 살기 좋은 사회일 거예요. 왜 그런지 궁금하죠?

자, 이제부터 본격적으로 이야기를 시작해 볼게요!

2017년 4월

호호 아줌마 김효진

차례

장애인은
항상 불행할까

1장

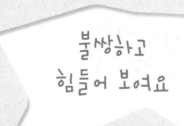

불쌍하고
힘들어 보여요

장애인은 도움이 필요한 사람들이지만 도움이나
받는 불쌍한 존재가 아니에요. 도움받을 권리가 있기
때문에 도움을 받는 거지요.

여러분은 이제까지 남을 돕는 일은 무조건 좋은 행동이라고 배웠을
거예요. 그런데 불쌍하다는 이유로 도움을 주는 게 반드시 좋은
행동은 아니랍니다. 나쁜 행동까지는 아니어도 바람직한 행동은
아닐 수 있다는 뜻이지요.

"불쌍해요."

"힘들 것 같아요."

"도와줘야 해요."

인권 교육을 하기 위해 중·고등학교 친구들을 만나서 "장애인을 보면 어떤 생각이 들어요?" 하고 물으면 대부분 위와 같이 대답해요.

물론 장애를 갖고 살아가기는 쉽지 않지요. 장애인이 살아가는 데 많은 도움이 필요한 건 사실이에요.

장애인 중에 뇌성마비 장애인들이 있어요. 말을 정확하게 할 수 없고 내 뜻과는 상관없이 몸이 굳거나 멋대로 뻗치는 것이 특징이지요. 하지만 반드시 알아 두어야 할 것이 있어요. 언어 장애가 있어 의사소통이 힘들기는 해도 지능에는 문제가 없는 경우가 대부분이에요.

뇌성마비 장애인은 손과 발이 마음대로 움직여지지 않아서 손을 사용하거나 이동을 하는 데 어려움을 겪어요. 걸음이 똑바르지 않고 느릿느릿하며 걸을 때마다 몸이 기우뚱하지요. 그래도 웬만해서는 넘어지지 않아요. 장애로 인해 남들과 다르게 걷는 것뿐이지요. 가끔 넘어질 때도 있고, 위험에 처하기도 하지만 늘 위험한 건 아니랍니다. 많이 위험한 경우에는 휠체어 같은 기구를 활용해서 이동을 하지요.

이런 뇌성마비 장애인들을 보면 대부분의 사람들은 '참 힘들겠구나!' 생각해요. 장애가 있는 저도 가끔 그런 생각을 할 때가 있으니 장애가 없는 사람들은 오죽하겠어요.

어떤 사람들은 언어 장애가 있는 뇌성마비 장애인이 자기 말을 제대로 이해하지 못한다고 생각해요. 그래서 필요 이상으로 천천히 이야기하거나 "내 말 알아듣겠느냐?"고 자꾸 확인하는 경우가 많아요. 심지어 자기 말을 전혀 못 알아듣는다고 여기거나, 알아듣는다 해도 자기 의견을 말하지 못한다고 멋대로 생각해 버려요. 그래서 뇌성마비 장애인에게는 의견을 묻지 않거나 대화 자체를 시도하지 않는 경우도 있어요.

때론 걸인이나 잡상인 취급을 당하기도 해요. 뇌성마비 장애인이라면 물건을 사러 상점에 갔는데 말을 마치기도 전에 무작정 내쫓기거나, 지하철에서 다른 승객으로부터 사탕이나 동전을 받은 경험이 한두 번씩은 다 있어요. 상대가 처한 상황을 잘 알지도 못하면서 멋대로 뭔가를 주는 사람들은 한결같이 혀를 끌끌 차며 이렇게 말한대요.

"고생이 많다."

"그래도 용기 잃지 마라."

나쁜 의도로 말하는 건 아니겠지만 불필요한 도움이나 동

특별하지도, 모자라지도 않은

정을 받으면 기분이 좋을 리 없죠.

여러분이 만난 장애인이 힘들어 보일 수는 있어요. 그렇다고 해서 그 사람의 삶이 온통 불행하고 슬프기만 할 거라고 여기면 곤란해요. 여러분도 기분 좋은 날이 있는가 하면 우울한 날도 있죠? 장애인도 마찬가지예요.

무엇보다 장애인을 불쌍하게 여기는 마음이 바탕에 깔려 있으면, 장애인이 살아가기 힘든 진짜 이유가 무엇이고, 장애인의 삶이 더 나아지려면 어떻게 해야 할지 생각할 수가 없어요. 그러면 장애인들의 삶은 더 나은 방향으로 바뀔 가능성이 없는 희망 없는 삶이 되고 말죠. 미래에 대한 어떤 희망도 없이, 누군가 자신을 불쌍하게 여기는 사람이 나타나 필요한 도움을 주기만을 기다리는 삶이야말로 진짜 불행한 삶이겠지요.

장애인은 도움이 필요한 사람들이지만 도움이나 받는 불쌍한 존재가 아니에요. 도움받을 권리가 있기 때문에 도움을 받는 거지요.

여러분은 이제까지 남을 돕는 일은 무조건 좋은 행동이라고 배웠을 거예요. 그런데 불쌍하다는 이유로 도움을 주는 게 반드시 좋은 행동은 아니랍니다. 나쁜 행동까지는 아니어도 바람직한 행동은 아닐 수 있다는 뜻이지요.

상대가 원하고 필요로 할 때 도와주어야지 굳이 도움을 받고 싶어 하지 않는데 도와주겠다고 나서면 오히려 마음을 다치게 할 수도 있어요. 장애인 입장에서는 '내가 얼마나 못나 보였으면 청하지도 않았는데 돕겠다고 할까?' 하는 마음이 들어 비참해질 수 있어요. 또 도움받는 데 익숙해지다 보면 어떤 일이든 스스로 하지 못하고 남이 도와주기를 바라는 나약한 사람이 될 수도 있지요.

저는 지체 장애 3급 장애인이에요. 지체 장애는 장애가 가장 심한 1등급부터 6등급까지 구분돼요. 장애인에게 이렇게 등급을 매기는 건 바람직하지 못한 일이지만 3급이면 중간 정도의 장애라고 가늠할 수 있게 하죠.

저는 어릴 적부터 부모님에게 "남의 도움에 기대지 말고 혼자 힘으로 살아야 한다."는 엄격한 교육을 받았어요. 그래서 웬만한 일은 남의 도움을 받지 않고 내 힘으로 해결하는 데 익숙해요. 물론 장애인 중에는 남의 도움이 많이 필요하거나 혼자 힘으로 살아갈 수 없는 사람들이 있어요. 장애의 정도가 심할수록 그렇지요. 예를 들면, 두 손을 다 쓸 수 없는 경우에는 밥을 먹거나 화장실에 갈 때 반드시 누군가가 도와주어야 해요.

어린 시절에는 비장애인으로 살다가 어른이 되어 사고나 질병으로 갑자기 심한 장애가 생긴 사람이라면 남의 도움을 받아야만 살아갈 수 있다는 사실을 받아들이기가 쉽지 않을 거예요. 그래서 심하게 좌절하거나 더 이상 살아갈 이유가 없다는 생각에 사로잡히기도 하지요.

하지만 대부분의 사람들은 어느 정도 시간이 지난 뒤 어떤 방법으로든 다시 살아갈 희망을 찾아요. 사랑하는 가족에게서 희망을 찾기도 하고, 예술 활동이나 새로운 직업의 가능성을 찾아내기도 해요.

그런데 여러분, 잘 생각해 보세요. 이 세상에서 남의 도움 없이 완전히 혼자만의 힘으로 살아가는 사람이 있을까요? 그런 사람은 단 한 사람도 없어요. 우리는 아침에 일어나서 저녁에 잠들 때까지 많은 사람의 도움을 받으며 살고 있지요. 가족이나 친구와 같은 가까운 사람 말고도 뜻하지 않게 다른 사람의 도움을 받기도 해요. 물론 우리 자신들이 알게 모르게 남에게 도움을 줄 때도 있고요.

그러니 누군가의 도움을 받는 장애인이라고 해서 특별히 불쌍하게 여길 필요는 없어요. 사람은 누구나 도움을 받기도 하고 주기도 하면서 살아가거든요. 장애인들도 때로는 다른 사람에게 도움을 주는 입장이 되기도 해요. 그러니 주변에 도움을 필요로 하는 장애인이 있으면 기쁜 마음으로 도와주면 됩니다.

여러분이 장애인을 도와줄 때는 주의할 점이 있어요.

먼저 장애인에게 "제가 도와 드릴까요?"하고 물어보세요. 장애인의 생각은 묻지도 않고 무조건 도와주려고 하면 오히려 해가 될 수도 있거든요.

예를 들어 수동 휠체어를 이용하는 장애인을 보았을 때, 휠체어를 어떻게 모는지도 잘 모르면서 무조건 도우려 하면 도움이 되기는커녕 사고가 날 수도 있어요. 전동 휠체어의 경우도 마찬가지예요. 엘리베이터에서 내릴 때 도와주겠다고 무턱대고 잡아끌면 오히려 발을 밟히는 사고로 이어질 수 있어요. 그러니 장애인을 도와주면 무조건 고마워할 거라고 여기지 말고, 도움이 필요한지, 어떤 도움이 필요한지 반드시 확인해야 해요.

도움받는 장애인의 의견을 존중하는 것도 중요해요.

가령 지적 장애인 A씨가 상점에서 물건을 사려고 해요. A씨는 1번 물건을 사고 싶어 하는데, 내가 보기엔 2번 물건이 훨씬 좋고 가격도 적당해 보여요. 이때 2번이 더 좋은 이유를 설명하는 건 괜찮아요. 그러나 2번을 사라고 강요해서는 안 돼요. 설명을 듣고도 A씨가 1번을 선택한다면 결코 비난하거나 무시하지 말아야 해요. "너는 물건 보는 눈이 없으니 내가 대신 골라 주겠다."고 나서는 행동은 바람직하지 않아요.

물론 곁에서 도움을 주는 비장애인이 장애인보다 정보도 많고 더 현명할 수 있어요. 조언을 듣는 것이 당장에는 이로울 수 있어요. 그러나 길게 보면 그런 행동은 결코 이롭지 않아요. 장애인에게는 경험이 필요하거든요. 성공의 경험도 필요하지만 실패의 경험도 반드시 필요해요. 시행착오를 겪으면서 장애인 자신이 직접 결정하고 스스로 생활하는 법을 익혀야 해요. 그러니 답답하게 보이더라도 장애인의 선택을 믿어 주고 이 사람에게 진짜 필요한 것이 무엇인지 생각해 주세요.

마지막으로 당부할 것이 있어요. 장애인에게 도움을 주다 보면 자칫 우월감에 빠질 수 있어요.

제가 존경하는 신영복 선생님은 "칫솔 한 개를 베푸는 마음도 그 내심을 들추어 보면 실상 여러 가지의 동기가 그 속에 도사리고 있다."고 하셨거든요. 장애인은 나보다 못난 사람이니까 잘난 내가 도와줘야겠다는 마음으로 도와준다면, 그것이 진정 상대를 위한 것일까요? 그건 아마도 자기만족을 위한 행동일 거예요. 그런 마음이라면 도움을 받는 장애인도 비참해지겠죠.

인간은 누구나 서로 도움을 주고받으며 살아가요. 장애인이라고 해서 남에게 아무 도움도 주지 않고 도움을 받기만 하며 살아가진 않아요. 장애인이 좀 더 많은 도움을 받기는 하지만 그렇다고 해서 열등하게 취급해도 되는 건 아니에요. 우리는 모두 평등하며, 존중받아 마땅한 존재니까요.

그러니 장애인에게 도움을 주고 싶거든 평등한 마음으로 도와주세요. 그것이 진짜 도움이고, 그런 도움을 줄 때 주는 사람도 받는 사람도 진정한 기쁨을 느낄 수 있을 거예요.

특별하지도, 모자라지도 않은

장애인에게는
특별한 능력이 있다?

우리는 모든 장애인이 특별한 능력이 가진 게
아니라는 사실을 기억해야 해요. 장애인 중에는 능력이 뛰어난
사람도 있고 부족한 사람도 있어요. 장애를 극복하고 훌륭한 업적을
남긴 장애인을 높이 평가하고 본받는 건 당연한 일이지만,
능력이 부족한 장애인이라고 해서 함부로 대해서는 안 되지요.

여러분은 "장애인" 하면 제일 먼저 누가 떠오르나요?

많은 사람들이 헬렌 켈러를 떠올려요. 헬렌 켈러 위인전을 읽어 본 분들도 많을 거예요.

헬렌 켈러는 태어난 지 19개월 만에 병을 앓아 보지도 듣지도 말하지도 못하게 되었어요. 그러나 엄청난 노력으로 읽고 쓰고 말할 수 있게 되었을 뿐 아니라 많은 사람들 앞에서 강연도 하고, 정치 활동도 했어요.

헬렌 켈러의 삶을 다룬 위인전은 대부분 "헬렌 켈러에게 특별한 능력이 있었고 남들보다 강한 열망이나 의지가 있었다." 고 기록하고 있어요. 장애를 극복한 기적의 소녀, 위대한 여성으로 그려 내지요.

하지만 그것이 헬렌 켈러의 삶에 대한 올바른 평가인지는 잘 모르겠어요. 실제로 헬렌 켈러는 장애를 올바른 시선으로 보게 하고, 장애에 대한 편견을 깨고자 노력하는 삶을 살았거든요. 장애는 극복해야 할 것이 아니라, 장애가 있어도 행복하게 살 수 있도록 장애인을 차별하는 일이 사라져야 한다고 누구보다도 강하게 주장했어요. 장애인들의 선구자였을 뿐 아니라 노동자 및 여성, 흑인 등 사회에서 차별받는 사람들을 대변하고 옹호했어요.

그런데 우리나라에서는 장애를 극복한 인물로만 알려져 있을 뿐 사회운동가로서의 헬렌 켈러의 모습은 잘 알려져 있지 않아 안타까워요. 장애 때문에 남들과 다른 특별한 능력을 갖게 되었고, 마침내 장애를 극복하고 위대한 업적을 남기게 되었다는 사실만으로는 헬렌 켈러의 삶을 충분히 이해할 수 없으니까요.

헬렌 켈러 외에도 장애인 중에는 보통 사람보다 뛰어난 능력을 갖고 있거나 피나는 노력 끝에 훌륭한 업적을 남긴 사람들이 꽤 있어요. 청각 장애가 있었던 발명가 에디슨, 청력을 잃었지만 아름다운 곡을 작곡한 베토벤, 소아마비로 하반신이 마비되었던 프랭클린 루스벨트 대통령, 온몸의 근육이 굳어 버리는 루게릭 병을 앓으면서도 연구를 이어 간 과학자 스티븐 호킹……. 국내에도 손에 꼽히는 분들이 있지요. 한쪽 다리가 불편해 평생 지팡이를 짚어야 했던 김대중 대통령, 어릴 때 병을 앓고 청각 장애인이 되었지만 멋진 그림을 남긴 김기창 화백……. 우리가 위인전에서 만나볼 수 있는 분들이지요.

하지만 우리는 모든 장애인이 특별한 능력이 가진 게 아니라는 사실을 기억해야 해요. 장애인 중에는 능력이 뛰어난 사람도 있고 부족한 사람도 있어요. 장애를 극복하고 훌륭한 업적을 남긴 장애인을 높이 평가하고 본받는 건 당연한 일이지만, 그렇지 못하다고 해서 장애인을 함부로 대해서는 안 되지요.

특별하지도, 모자라지도 않은

안타깝게도 장애인을 무시하고 천하게 여기는 태도는 오래 전부터 있었어요. 과학이 발달하기 이전에 장애를 죄악으로 여기거나 업보(자신의 행동에 따라 받게 되는 운명) 혹은 조상을 제대로 모시지 않았기 때문에 생긴 결과로 보기도 했어요. 우리나라에는 집안에 장애인이 있으면 "부모 혹은 조상이 죄를 많이 지어 그렇다."며 손가락질하는 관습이 아직도 남아 있지요.

정반대로 장애가 신의 특별한 의지 때문에 생겨난 거라고 믿는 경우도 있어요. 과거 어떤 나라에서는 앞을 보지 못하는 것을 신의 뜻으로 보고 시각 장애인을 숭배하기도 했대요. 아마도 두 눈이 보이지 않는 대신 다른 감각을 뛰어나게 활용하는 능력을 신비하게 본 것이겠죠. 장애인을 낮추어 보는 것도 문제지만 특별한 능력을 가진 사람으로 보고 숭배하는 것도 바람직한 태도는 아니에요. 장애인이라고 해서 특별한 능력을 가졌다고 볼 수 있는 근거가 없기 때문이지요.

장애를 가지고 살아가다 보면 예전에는 갖지 못했던 능력을 발견하게 되는 경우는 있어요. 가령 시각 장애를 갖게 되면 보는 능력을 잃어 버렸기 때문에 나머지 능력을 최대한 살려서 살아가게 되죠. 보이지 않으니 손으로 만지거나 냄새를 맡거나 소리를 통해 주변 상황을 알아차리는 것이지요.

비장애인들도 이런 경험을 해 볼 수 있어요. 〈어둠 속의 대화〉라는 특별한 프로그램이 있는데요, 이 전시는 아무것도 보이지 않는 어둠 속에서 진정한 소통을 시도한답니다. 완전히 깜깜한 공간 속에서 100분 동안 여행을 하는 것이지요.

〈어둠 속의 대화〉는 1988년 독일 프랑크푸르트에서 안드레아스 하이네케 박사가 처음 시작했는데, 25년간 전 세계 30여 개국 160여 도시에서 850만 명 이상의 사람들이 체험했대요. 2010년 서울 신촌에 열 번째 상설 전시관이 생긴 이래 18만 명의 관람객이 다녀갔고, 2014년부터는 상설 전시관이 북촌으로 옮겨졌다고 해요.

〈어둠 속의 대화〉 전시장에서는 시각 장애인이 로드 마스터가 되어서 일곱 개의 방을 안내해요. 캄캄한 암흑 속에서 계곡과 숲, 시장, 카페 등을 돌며 후각과 촉각 등을 통해 무한한 상상력을 발휘하는 거죠. 사람들은 이런 경험을 통해 보이는 것이 전부가 아님을 깨닫고 우리에게 눈으로 보는 능력 외에 수많은 감춰진 능력들이 있다는 걸 깨닫게 되지요. 이를 통해 시각 장애인들은 보는 능력 외에 다른 능력들을 최대한 발휘하며 살아가는 사람들이라는 걸 몸으로 느끼게 됩니다.

다시 헬렌 켈러 이야기로 돌아가 볼까요? 헬렌 켈러는 글도 무척 잘 썼어요. 헬렌 켈러가 남긴 〈사흘만 볼 수 있다면〉이라는 글은 문장 하나하나가 아름답고 깊은 울림을 주지요. 이 글에서 헬렌 켈러는 자신이 보는 능력 대신 어떻게 다른 감각들을 활용해 세상과 소통하는지 보여 주고 있어요.

얼마 전, 한 친구가 나를 찾아왔는데, 숲속을 꽤 오랫동안 산책하고 막 돌아온 뒤였습니다. 그래서 나는 숲속에서 무엇을 보았느냐고 물었지요. "별거 없었어."라고 친구는 대답했습니다. 이러한 대답에 익숙하지 않았다면 어떻게 이런 말을 할 수 있나 하고 믿을 수 없었을 거예요. 나는 오랜 경험을 통해, 사람들이 본다고 하지만 실제로는 아주 조금만 본다는 것을 확신하게 되었지요.

한 시간 동안이나 숲속을 거닐었는데 특별하게 말할 것이 하나도 없다니, 어찌 그럴 수 있을까요? 한 치 앞을 못 보는 나도 단순한 촉감만으로 흥미로운 것들을 몇 백 가지나 찾아낼 수 있는데 말이에요. 나는 나뭇잎이 섬세하게 대칭을 이루고 있다는 것을 느낍니다. 손으로 은색 자작나무의 부드러운 잎을 사랑스럽게 쓰다듬거나, 소나무의 거칠고 울퉁불퉁한 껍질을 만져 봅니다. (…중략…) 단순히 만져 보는 것만으로도 이처럼 즐거운데, 볼 수 있다면 얼마나 더 많은 아름다움을 느낄 수 있겠어요. 하지만 사람들은 볼 수 있는 눈을 가졌는데도 아주 조금밖에 보지 못합니다.

— 헬렌 켈러,《사흘만 볼 수 있다면》, 두레아이들, 2013

앞이 보이지 않는 헬렌 켈러는 우리가 무심하게 스쳐 지나 가는 것들에서 아름다움을 찾아냅니다. 우리가 재능과 감각 을 얼마나 한정적으로 사용하고 있는지 생각해 보게 하지요. 여러분도 헬렌 켈러의 이 글을 읽어 보면 눈이 보이고 귀가 들 린다고 해서 시각 장애인이나 청각 장애인보다 세상을 더 많 이 아는 것은 아님을 깨닫게 될 거예요.

귀가 들리지 않는 청각 장애인, 신체 일부를 마음대로 쓰지 못하는 지체 장애인, 일상생활에 지원이 필요하고 상호 작용 과 의사소통이 원활하지 않은 발달 장애인 가운데 남다른 능 력을 가진 사람들이 있어요. 뛰어난 기억력으로 한 번 본 풍경 을 사진처럼 그려 내는 사람이 있는가 하면, 마치 컴퓨터처럼 날짜 계산을 할 수 있는 사람도 있지요.

하지만 모든 장애인이 특별한 능력을 가졌다고 생각하면 안 돼요. 남보다 뛰어난 능력을 발휘하는 사람들은 발달 장애인 중 아주 적은 수에 불과해요. 영화 〈레인맨〉의 주인공처럼 뛰 어난 암기력을 가지고 있는 자폐 장애인은 극히 일부에 지나 지 않아요.

특별하지도, 모자라지도 않은

여러 분야에서 남다른 능력을 선보이는 장애인들은 칭찬받아 마땅하겠지요. 비장애인들도 닿기 어려운 높은 경지에 오르기 위해 얼마나 많은 노력을 했겠어요. 그렇지만 특별한 능력을 보이지 못하는 장애인들이 훨씬 많아요. 그런 사람들에게 몇몇 뛰어난 장애인들처럼 되라고 강요할 순 없어요. 사람들은 저마다 다른 능력을 가졌지요. 장애를 가진 사람들도 제각기 다른 능력을 가졌고요.

분명히 이야기할 수 있는 건, 장애가 있다고 해서 '눈에 띄는 재능'을 갖게 되는 건 아니라는 거예요. 다만 장애 때문에 제약이 많다 보니 어떤 활동에 더욱 집중하게 되고, 그 가운데 자신도 몰랐던 능력과 가능성을 발견하는 경우가 있을 뿐이지요. 그러니 모든 장애인에게 남다른 재능이 있다고 여기고 왜 그것을 개발하지 않느냐고 다그친다면 장애인에게 더 큰 부담을 지울 수도 있어요.

특별한 재능이 있거나 없거나, 장애가 있거나 없거나, 우리는 모두 있는 모습 그대로 소중한 존재랍니다.

장애인 외출 분투기

만약 친구들이 외출할 때마다 한 시간, 혹은
그 이상을 기다려야 한다면 어떻겠어요? 이것이 장애인들이 처한
현실이랍니다. 상황이 이렇기 때문에 장애인들은 자신의 뜻과
상관없이 약속을 제대로 지키지 못하는 사람이 될 수밖에 없어요.
출퇴근 시간을 지키기 어려워서 직장 생활을 하는 데도
어려움이 많아요.

몸이 불편한 장애인들은 외출하기가 쉽지 않아요. 우리 주변에는 장애인의 이동을 위한 편의 시설들이 있어요. 장애인이 아닌 사람들은 무심코 지나치기 쉬운 장애인 관련 시설들을 소개해 볼게요.

인도를 걷다가 혹은 지하철 입구 근처에서 노란색 점자 블록을 본 적이 있나요? 레고 블록처럼 올록볼록 튀어 나와 있는 곳이 있지요. 점자 블록은 시각 장애인이 발바닥의 촉감으로 위치와 방향을 알 수 있도록 설치한 편의 시설인데요, 두 가지 종류가 있어요.

동그라미 점이 새겨져 있는 '점형 점자 블록'은 위치를 알려줘요. 시각 장애인이 길을 다닐 때 건너야 할 곳, 기다려야 할 곳 등의 위치를 알려주는 역할을 하지요. 길의 시작, 엇갈림, 꺾임(좌, 우)이 있는 곳에 설치해 방향 전환을 알려주기도 하지요. 때로는 장애물 주위에 설치해 위험한 곳임을 알리는 경고용으로 사용하기도 해요.

선 모양으로 되어 있는 '선형 점자 블록'은 연속적으로 길을 안내하는 역할을 해요. 점형 점자 블록과 블록 사이를 이어지게 설치해 길을 찾아갈 수 있게 해요. 시작을 알리는 점형 점자 블록에서 선형 점자 블록을 따라가면 일정한 거리를 갈 수 있어요.

점자 블록   시각 장애인을 위한 음향 신호기

신호등에 설치된 '시각 장애인용 음향 신호기'는 많이 봤을 거예요. 버튼을 누르면 보행 신호의 상황과 건널 수 있는 시기를 알려 주는 음성이 나오지요. 시각 장애인에게는 아주 중요한 역할을 하는 편의 시설이에요. 그러니 궁금하다거나 심심해서 함부로 버튼을 누르는 일은 참아 주세요.

많은 사람들이 이용하는 지하철에는 어떤 장애인 편의 시설이 있을까요? 몸이 불편한 장애인들을 위한 편의 시설로 휠체어 리프트와 엘리베이터 등이 있어요.

휠체어 리프트는 엘리베이터가 없는 지하철역에서 휠체어를 탄 채로 계단을 내려갈 수 있게 만든 시설이에요.

하지만 장애인이 혼자서 휠체어 리프트를 탈 수는 없어요. 지하철 역무원이 리프트를 작동해 주어야 하거든요. 지하철역에 도착하면 먼저 지정된 전화기로 역무원을 호출해요. 역무원이 올 때까지 기다리는 것은 장애인들에게 일상적인 일이랍니다. 그러니 제때 등교나 출근을 하려면 남들보다 최소 한두 시간은 서둘러야 하지요.

역무원의 도움으로 리프트에 탔다고 해서 고생이 끝난 게 아니에요. 휠체어 리프트는 매우 느리게 움직여요. 계단을 걸어서 내려가는 것보다 시간이 두 배는 더 걸려요. 어떤 리프트는 요란한 소음을 내기도 해요. 그러다 보니 지나는 사람들의 시선도 견뎌야 해요. 마음 같아선 휠체어 리프트를 타고 싶지 않지만, 모든 지하철역에 엘리베이터가 생길 때까지 장애인들은 휠체어 리프트를 탈 수밖에 없어요.

만약 휠체어 리프트가 고장이라도 나면 장애인들은 오갈 수 없는 처지가 되고 말아요. 비장애인의 경우 지하철을 타지 못하면 버스를 타면 되지만, 휠체어 장애인에게는 선택의 여지가 없으니까요. 우리나라에도 유럽처럼 바닥이 낮고 출입구에 계단이 없는 '저상 버스'가 다니고 있긴 하지만 아직 소수에 불과해요. 워낙 제작 비용이 비싸기도 하고, 저상 버스가 다니기에는 도로 환경이 좋지 않기 때문이지요.

이처럼 대중교통을 이용하기가 불편한 장애인을 위한 '장애인 콜택시 제도'가 있어요. 서울시에서 2003

지하철 휠체어 리프트를 사용 중인 모습

년부터 장애인들을 위한 특별 운송 수단으로 운행을 시작한 이래 전국으로 널리 퍼졌지요. 지하철과 버스를 이용하기 힘든 중증의 장애인들이 주로 이용하고 있어요.

하지만 콜택시를 이용해야 하는 장애인의 수에 비해 운행하는 택시 수가 워낙 적다 보니, 콜택시를 불러서 타기까지 짧게는 한 시간, 길게는 서너 시간씩 대기해야 해요.

만약 여러분이 외출할 때마다 한 시간, 혹은 그 이상을 기다려야 한다면 어떻겠어요? 이것이 장애인들이 처한 현실이랍니다. 상황이 이렇기 때문에 장애인들은 자신의 뜻과 상관없이 시간 약속을 제대로 지키지 못하는 사람이 될 수밖에 없어요. 출근 시간을 지키기 어려워서 직장 생활을 하는 데도 어려움이 많아요.

몇 년 전 일이에요.

제가 활동하고 있는 장애인 단체 모임 날이었어요.

전동 휠체어를 타고 다니는 회원에게서 늦는다는 연락이 왔어요. 그런데 그 사연이 너무 기가 막혔어요. 장애인 콜택시의 휠체어 리프트가 고장 나는 바람에 리프트에 탄 채로 공중에 떠 있다는 거예요. 몹시 추운 날이었는데 벌벌 떨면서 한 시간 넘게 대기 중이라 했어요. 결국 그 친구는 119 구급차를 불러서 다른 장애인 콜택시로 옮겨 타고 사무실에 도착했어요. 한겨울 추위도 견디기 힘들었겠지만, 지나가는 사람들의 구경거리가 되었으니 창피하고 속상했겠지요.

더욱 기막힌 얘기가 남았어요. 그 회원이 고장난 리프트에 떠 있다가 친구 전화를 받았대요. 자기 처지를 이야기했더니

ⓒ김현미

콜택시 휠체어 리프트를 사용 중인 모습

그 친구가 "넌 처음이니? 난 벌써 서너 번 겪었는데."라고 말하더래요. 콜택시를 이용하는 휠체어 사용자에게는 흔한 일이라는 얘기지요.

이런 형편이다 보니 장애인 단체에서 모임을 한 번 하려면 앞뒤로 두 시간 정도 시간 여유를 둬야 해요. 콜택시 때문에 늦게 도착하는 일이 수시로 벌어지고, 모임이 끝나기도 전에 콜택시가 도착해서 먼저 나가는 일도 잦아요. 콜택시가 연결됐을 때 타지 않으면 다시 두 시간 이상 기다려야 하니 아무 대책 없이 모임을 마치고 가라고 붙잡을 수도 없는 일이지요.

모임을 마치고도 단체 활동가들이 회원들과 함께 언제 도착할지 모르는 콜택시를 기다리는 것은 낯선 풍경이 아니랍니다.

언제 올지 모르는 택시를 마냥 기다려야 하는 일도 문제지만 안전하게 이용할 수 있는 다른 이동 수단이 없다는 게 더 큰 문제예요. 하염없이 기다려야 함에도 불구하고 장애인들이 콜택시를 이용하는 이유는 그나마 지하철보다 안전하기 때문이거든요.

한 번 외출하려면 기다릴 준비부터 해야 하는 장애인들의 속사정을 사람들이 좀 알아주면 좋겠어요.

지하철 엘레베이터는 장애인 전용?

버스, 지하철 같은 교통을 이용할 때 불편을 겪을 수밖에 없는
사람들, 불편을 감수하고서라도 이동해야 하는 사람들을
'교통 약자'라고 해요. 지하철 엘리베이터는 이들이 이동을 하는 데
불편을 덜어주기 위한 시설이에요. 그러므로 교통 약자들이 제대로
이용할 수 있도록 배려할 필요가 있지요.

장애인, 특히 저와 같은 지체 장애인에게 엘리베이터는 꼭 필요한 시설이에요. 목발이나 휠체어를 사용하는 사람들은 계단을 오르내리기 힘들거나 아예 이용할 수 없으니까요. 그래서 저도 엘리베이터를 자주 이용합니다.

몇 년 전 아침의 일이에요. 한 건물에서 엘리베이터를 타려고 기다렸지요. 드디어 문이 열렸는데, 미술 학원 다니는 아이들이 잔뜩 타고 있었어요. 아마도 지하 주차장에서 내려 엘리베이터를 탄 모양이었어요. 다소 비좁아 보이긴 했지만 저도 엘리베이터를 탔지요.

그때 한 아이가 "안녕하세요?" 하고 제게 인사를 하더군요. 귀여운 목소리로 말이에요. 아는 아이인가 싶어 유심히 보았는데 처음 보는 얼굴이었어요. 먼저 인사를 해 준 것이 고마워 저도 "그래, 안녕!" 하고 인사를 했지요. 그랬더니 엘리베이터에 탄 모든 아이들이 제게 인사를 하는 게 아니겠어요?

"안녕하세요?"

"안녕하세요?"

"안녕하세요?"

어찌나 사랑스럽던지!

입가에 한껏 미소를 담아 한 명 한 명과 눈을 맞추며 다정하게 인사했지요.

"안녕!"

"안녕!"

"안녕!"

아이들을 인솔하던 선생님도 제게 눈으로 인사를 하고 엘리베이터를 내렸어요. 선생님도 몹시 흐뭇한 표정이었지요.

제일 먼저 인사를 건넨 아이에게는 아마도 제 장애가 보이지 않았나 봐요. 만약 제 장애부터 보았다면 '저 사람 장애인이네.' 하며 꺼리는 표정을 지었겠지요. 어쩌면 아이들 세계에서는 장애인과 비장애인이라는 딱딱한 구분 자체가 없을지도 모르겠어요. 그날 저는 한 아이의 순수한 마음이 순식간에 주변에 전파되는 놀라운 경험을 했어요. 하루 종일 기분이 좋았지요.

그런데 늘 이렇게 기분 좋은 일만 있는 건 아니랍니다. 한번은 전동 휠체어를 타고 엘리베이터 문이 열리길 기다리고 있는데, 유모차가 다가왔어요. 그 유모차에는 제법 덩치 큰 남자애가 타고 있었어요. 그 애는 저를 보더니 "어? 어?" 하고는 발을 동동 구르더군요. 전동 휠체어와 유모차가 한꺼번에 엘리베이터를 탈 수 없으니 휠체어를 유모차의 경쟁 상대로 느꼈나 봐요. 전동 휠체어가 상당히 크다 보니 자기가 밀렸다는 생

특별하지도, 모자라지도 않은

각이 들었을지 몰라요.

아이의 마음을 눈치를 챈 제가 "너 먼저 타. 아줌마는 나중에 탈게." 하고 양보를 하고서야 당황스럽고 어색한 상황이 마무리됐지요.

대부분의 엘리베이터는 장애인만 탈 수 있는 시설은 아니에요. 높은 건물에 올라갈 때는 누구나 이용할 수 있는 시설이지요. 그런데 지하철과 같은 공공시설은 경우가 달라요. 지하철의 엘리베이터는 장애인, 고령자(노인), 임산부, 영유아 동반자, 어린이 등을 위한 것이지요.

버스, 지하철 같은 교통을 이용할 때 불편을 겪을 수밖에 없는 사람들, 불편을 감수하고서라도 이동해야 하는 사람들을 '교통 약자'라고 해요. 지하철 엘리베이터는 이들이 이동을 하는 데 불편을 덜어 주기 위한 시설이에요. 그러므로 교통 약자들이 제대로 이용할 수 있도록 배려할 필요가 있지요. 계단과 에스컬레이터를 이용할 수 있는 사람들이 너도 나도 엘리베이터를 이용한다면 정작 엘리베이터 없이는 이동할 수 없는 장애인들은 발이 묶여 버리니까요.

전동 휠체어는 부피가 커서 엘리베이터에 타려면 넓은 공간이 필요해요. 그래서 엘리베이터에 비장애인이 잔뜩 타고 있으면 장애인은 탈 수 없는 상황이 벌어지지요. 그러니 지하철 엘리베이터는 장애인, 노인, 임산부, 영유아와 함께 있는 사람, 어린이들을 위한 것임을 기억할 필요가 있어요.

2015년의 일이에요. 지하철 엘리베이터와 관련된 사진 한 장이 인터넷 커뮤니티를 떠들썩하게 한 적이 있지요. 사진에는 어느 지하철 역 안에서 엘리베이터를 타기 위해 비장애인들이 잔뜩 줄을 서 있고, 맨 뒤에 전동 휠체어를 타고 있는 장애인이 있었어요.

이 사진을 올린 고등학생은 "지하철 엘리베이터는 장애인이나 나이 드신 거동이 불편하신 분들 타라고 만들어 놓은 건데 뒤에 장애인이 있음에도 불구하고 자기들이 먼저 타겠다고 버티고 있다."고 불편한 심정을 표현했어요. 학생은 "이 장면을 보는 자신이 부끄러웠다."며 지하철 엘리베이터를 타려는 사람들에게 쓴소리를 했죠.

이에 대해 대부분의 누리꾼은 휠체어를 탄 장애인이 먼저 엘리베이터를 타야 하는데 비장애인들이 앞다투어 줄 서 있는 것은 바람직하지 않다는 입장이었어요. 하지만 지하철 엘리베이터를 장애인만 쓰라는 법은 없으며, 비장애인들도 이용할 수 있어야 한다는 주장도 꽤 있었어요.

특별하지도, 모자라지도 않은

비장애인이 지하철 엘리베이터를 이용한다고 해서 법적 처벌을 받는 건 아니에요. 하지만 그 시설이 누구에게 가장 필요한지 생각해 봐야 하지 않을까요? 교통 약자를 위한 시설은 교통 약자들이 사용할 수 있게 해야 하지 않을까요?

요즘은 지하철 노약자석을 일부러 비워 두더라고요. 피곤해서 잠시 앉아 있던 젊은이들도 노약자가 타면 바로 일어나기도 하고요. 약자를 위해 지정된 자리는 약자가 제대로 이용할 수 있게 하는 것. 그게 성숙한 시민 의식을 가진 사람의 행동

아닐까요?

여러분이 어쩌다 할머니, 할아버지 혹은 유모차에 탄 어린 아이와 함께 지하철 엘리베이터를 이용해 봤다면 닫힘 버튼을 아무리 눌러도 한참 후에야 천천히 문이 닫히는 걸 경험했을 거예요. 고장이 나서 그런 게 아니에요. 지하철 엘리베이터는 모두 그렇게 느리게 움직이도록 되어 있어요. 타고 내릴 때 시간이 많이 걸릴 수 있는 장애인, 노인, 임산부 등 교통 약자들을 배려해서죠.

앞으로는 지하철 엘리베이터는 약자를 위한 시설이라는 걸 기억해 주세요. 공공시설이기 때문에 모두가 안전하고 편안하게 이용할 수 있도록 약자를 배려하는 편의 시설이 필요한 겁니다.

특별하지도, 모자라지도 않은

장애를
체험한다는 것

장애인의 고통스러운 삶은 장애 때문만이 아니라
장애인을 전혀 생각하지 않는 사회 환경 때문에 가중되지요.
휠체어가 들어갈 수 없도록 설계되어 있는 건축물, 대중교통 수단
등등이 장애인의 삶을 힘들게 하는 원인이에요.

"왜 내가 붓을 입에 물고 그림을 그려야 하는지 잘 모르겠다. 힘들기만 하고 재미없었다."

어느 초등학생이 구족화가(사고나 장애로 팔다리를 잃어 입에 붓을 물고 그림을 그리는 사람)처럼 그림을 그리는 장애 체험을 한 뒤, 소감을 쓰라는 숙제에 이렇게 썼다고 해요.

그래서 어떻게 되었을까요?

학생은 선생님에게 심하게 야단을 맞았어요.

그 학생은 제 지인의 아이였어요. 지인이 제게 묻더군요. 우리 아이가 무얼 잘못했느냐고요. 그분도 사회복지학 전공자였는데, 아이가 혼난 이유를 잘 모르겠다고 그러시더군요.

학생이 너무 철이 없는 걸까요? 학생을 야단친 선생님이 너무한 걸까요?

우선 선생님 입장에서 생각해 보면, 학생의 반응이 못마땅할 수 있을 듯해요. 선생님이 구족화가를 모셔다 그림 그리는 모습을 보여 주고 장애 체험을 진행한 건, 이런 활동을 통해 장애를 깊이 이해하자는 뜻이었겠지요. 이런 의도도 몰라 주고 불평만 늘어놓는 학생이 곱게 보일 리 없죠. "요즘 아이들이란……." 하고 탄식할 법도 해요.

그런데 학생 입장도 이해가 돼요. 구족화가들이야 두 손을 못 쓰니까 붓을 입에 물고서 그림을 그리지만, 손을 쓸 수 있는 자신이 왜 붓을 입에 물고 그림을 그려야 하는지 이해하기 어려웠겠지요. 아이는 멀쩡한 손을 놔두고 굳이 입으로 그림을 그리다 보니 힘들다는 생각이 들 뿐 아무 감흥이 없더래요. 솔직하게 자기 의견을 말한 것이니 그게 잘못은 아닐 거예요. 장애인과 똑같은 상황에 처해야만 장애를 이해할 수 있는 것도 아니고요. 그러니 왜 굳이 힘든 일을 강요하느냐는 학생의 의견에도 일리가 있어요.

이렇게 살펴보니 선생님과 학생은 각각의 입장이 있다는 걸 알겠죠? 어떤 입장에 서느냐에 따라 생각의 차이가 있기 마련이에요. 누가 옳고 그르냐를 따지기보다 왜 그런 의견 차가 생겼는지를 생각해 보는 게 서로를 이해하는 데 도움이 되지요.

저는 언제부터인가 늘어나고 있는 '장애 체험'이라는 형식의 활동을 그리 달가워하지 않는 편이에요. 그래서 앞서 소개한 초등학생 입장에 공감하는 편이랍니다.

대다수 장애 체험 행사는 장애를 체험함으로써 장애인의 고통과 아픔을 이해하자는 취지에서 기획되죠. 그런데 우려되는 점이 있어요. 장애인들이 겪는 고통과 아픔의 원인을 제대로 짚지 않고 짧은 시간에 부정적인 경험을 하면서 오히려 부

작용이 생길 수 있거든요.

장애인의 고통스러운 삶은 장애 때문만이 아니라 장애인을 전혀 생각하지 않는 사회 환경 때문에 가중되지요. 휠체어가 들어갈 수 없도록 설계된 건축물, 대중교통 등등이 장애인의 삶을 힘들게 하는 원인이에요. 이러한 원인을 제대로 살펴보지 않고 장애로 인한 고통만 경험하는 것은 자칫 장애에 대한 편견이나 두려움만 갖게 할 수 있어요.

두 눈을 가리고 흰 지팡이를 들고 걸어 보게 하는 시각 장애 체험을 예로 들어 볼게요. 체험자들은 갑자기 어둠의 세계에 내몰리지요. 방금 전까지 두 눈으로 세상을 보다가 갑자기 깜깜한 어둠에 서 있다고 생각해 봐요. 충분한 설명과 준비가 없으면 극도로 겁에 질릴 수 있어요. 장애를 이해하려고 시작한 일이 도리어 장애를 기피하게 만들기도 하지요.

장애 체험은 장애인의 고통과 아픔을 이해하는 방식으로 진행되어야 해요. 체험 후에 어떤 이야기를 나누는지도 무척 중요해요. "장애인들이 얼마나 힘들게 사는지 알겠지? 그러니 장애인을 불쌍히 여기고 무조건 도와줘야 해."라고 가르치는 건 일시적으로 장애인에게 도움이 될지 몰라도 장기적으로는 오히려 나쁜 영향을 미칠 수 있어요. 개인의 동정심이나 자비심만으로는 장애인의 고통을 덜 수 없으니까요. 장애인이 힘들게 살아가는 건 장애인을 차별하는 사회적 제도와 편견 어린 시선 때문이라는 걸 분명하게 알아야 해요. 이런 차별을 없애 나가고 장애인도 비장애인과 마찬가지로 당연한 권리를 누릴 수 있도록 함께 노력하는 것이 중요하죠.

"우리 아이가 무엇을 잘못했느냐?"는 지인의 질문에 호호 아줌마는 이렇게 대답해 주었어요.

"충분히 그렇게 반응할 만하니 아이의 솔직한 의견을 존중해 줘야 한다고 봅니다."

손에 장애가 없는데 굳이 붓을 입에 물고 그림을 그리는 것은 장애인의 고통을 표면적으로 이해할 수 있을지언정 장애인의 삶을 개선하는 데는 별 도움이 되지 않아요.

그리고 진짜 장애 체험을 하려거든 실제 장애인의 입장이 되어 학교, 관공서 등의 공공건물, 근처 식당 같은 곳에 가 보라고 권하고 싶어요. 그러면 그런 시설에 들어가는 것부터가 얼마나 힘든지, 장애인이 사회적으로 얼마나 차별받고 있는지 이해할 수 있으니까요.

몇 년 전 일이에요. 휠체어를 탄 후배와 함께 부산으로 출장을 갔다가 선배 집에서 하룻밤을 자게 되었어요. 부산대 교수로 재직 중인 선배는 맛있는 점심을 사 주겠다며 대학교 근처 식당으로 안내했지요.

그런데 이게 웬일? 대학생들이 즐겨 가는 식당가였는데 선배가 평소 즐겨 가던 맛집은 물론 그 옆집의 옆집, 앞집 어느 곳에도 휠체어는 들어갈 수 없었던 거예요.

후배와 저는 익숙한 상황이라 그러려니 했지만 선배는 당황스럽고 미안한 마음에 어쩔 줄 몰라 했어요. 모처럼 맛있는 점심을 사 주려다가 그리 되었으니 얼마나 속이 상했겠어요. 장애가 있는 후배와 친하게 지내면서도 장애인이 드나들 수 있는지 없는지 고려해 보지 않았던 것에 대해 자책도 큰 것 같았어요. 그럴 수 있는 일이라며 오히려 우리가 선배를 위로해야 할 지경이었지요. 다행히 휠체어가 들어갈 수 있는 허름한 식당을 찾아 겨우 점심을 해결하고 헤어졌어요.

연신 미안해하는 선배에게 그날의 경험을 대학신문에 기고해 달라고 부탁했어요. 선배가 쓴 글을 보고 많은 학생들과 교직원들이 느끼는 바가 있길 바라는 마음이었죠.

밥 먹을 식당을 찾지 못해 헤맨 그날 이후 선배는 장애인이 겪는 차별에 조금 더 민감해졌을 거예요. 장애인들이 삶에서 겪는 차별들을 실제로 겪어 보는 것, 이런 경험들이 쌓여 인권 감수성을 갖게 되지요.

'인권 감수성'이란 자신과 다른 사람의 인권을 민감하게 생각하고 존중하려는 능력을 말해요. 우리가 살아가는 사회에서는 알게 모르게 여러 가지 불합리한 일들이 벌어져요. 인권 감수성이 낮은 사람은 자신 또는 다른 사람의 인권이 침해되고 있다는 것을 알아채지 못하고 문제로 인식하지 못하죠. 반면 인권 감수성이 있는 사람은 차별을 감지하고 문제의식을 가지며 해결하려는 의지를 가질 수 있어요.

우리나라의 어떤 정치인이 연탄 나르는 봉사 활동에 참여하면서, 검은 피부를 가진 외국 학생을 보고 "연탄색이랑 얼굴색이랑 똑같네."라고 말한 적이 있었어요. 외국 학생들이 일상 속에서 어떤 차별을 받는지 잘 알지 못해서 던진 말이었겠지요. 하지만 그 발언은 인권 감수성이 없다는 이유로 많은 비판을 받았습니다. 까만 피부는 외국 학생의 신체적 특징일 뿐이지만, 평소 흑인들은 친구들에게 까만 피부에 대해 놀림을 받거나 따돌림을 당하기까지 하기 때문에 그것을 지적하는 것은 명백한 차별이거든요.

그러므로 그 정치인이 나쁜 의도가 없었다고 하더라도, 외국 학생이 겪는 차별을 인식하지 못했다는 점에서 인권 감수성이 매우 낮다고 볼 수 있지요. 인권 감수성이 부족하면 알게 모르게 다른 사람의 인권을 무시하는 행동을 할 수 있기

특별하지도, 모자라지도 않은

때문에 문제가 되죠.

앞서 소개한 제 선배가 휠체어를 탄 지체 장애인인 제가 아니라 다른 장애인과 함께였다면 다른 종류의 차별을 경험했을 거예요. 시각 장애인이었다면 점자로 된 메뉴판이 없어서 메뉴를 일일이 불러 줘야 했을 테고, 발달 장애인과 함께였다면 사방에서 쏟아지는 불편한 시선을 견뎌야 했겠지요.

장애인들은 매일같이 이런 상황을 겪으며 살아가고 있어요. 그러니 구족 화가 체험과 같은 특별한 상황을 만들 것이 아니라, 장애인의 일상생활을 경험해 보는 게 어떨까요?

장애 장난감이 필요한 이유

"엄마, 이건 세라 이모 같은 장애인이야."

세라 이모는 저신장 장애인으로서 키가 120센티미터가 채 되지
않아요. 레고로 우주선을 만들고 있던 아이가 나름 장애 우주인을
조립해 그 안에 태운 것이었어요. 물론 장애를 표시할 수 있는
레고 부품이 따로 있는 게 아니어서 저 혼자 '장애인'이라고 이름
붙인 것이었죠.

"세라 이모를 우주선에 태워 주려고?"

"그럼! 세라 이모도 타 보고 싶을 거 아냐!"

"이야, 이모가 좋아하겠다."

레고 블럭은 아이들뿐 아니라 어른들도 좋아하는 장난감입니다. 레고 세트에는 블록 말고도 사람 모양의 캐릭터 인형이 들어 있어요. 흔히 레고 피규어라고 부르지요. 영화나 애니메이션 캐릭터부터 여러 직업 캐릭터까지 종류가 다양해서 이 피규어만 모으는 사람들도 있대요.

그런데 이렇게 다양한 레고 피규어 중에 왜 장애인은 없을까요? 해적, 슈퍼 히어로, 닌자, 외계인도 캐릭터로 등장하는데, 장애인이 없는 건 이상하지 않나요? 제 자신이 장애인이면서도 한 번도 그런 생각을 해 본 적이 없었는데 이런 사실을 일깨워 준 사람은 바로 제 아들 찬이였어요.

찬이가 초등학교 2학년 무렵, 어느 햇살 좋은 날이었어요. 방학인데도 계속 돌봄 교실에 나가는 아이가 안쓰러워 일찍 일을 마치고 집에 들어갔어요. 저는 집에 가서도 집안일을 하거나 글을 쓰거나 소파에 기대어 쉬는 것이 고작이죠. 그런 엄마 덕분에 찬이는 혼자 노는 데 아주 익숙해요. 그날도 찬이는 레고를 갖고 무언가를 열심히 만들고 있었어요. 모처럼 엄마가 곁에 있는데 혼자 조용히 놀 녀석이 아니지요. 아나나 다를까 제게 말을 걸었어요.

"엄마, 이건 세라 이모 같은 장애인이야."

세라 이모는 저신장 장애인으로 키가 120센티미터가 채 되지 않아요. 레고로 우주선을 만들고 있던 아이가 나름 장애 우주인을 조립해 그 안에 태운 것이었어요. 물론 장애를 표시할 수 있는 레고 부품이 따로 있는 게 아니어서 저 혼자 '장애인'이라고 이름 붙인 것이었죠.

"세라 이모를 우주선에 태워 주려고?"

"그럼! 세라 이모도 타 보고 싶을 거 아냐!"

"이야, 이모가 좋아하겠다."

맞장구를 쳐 주니 신이 났는지 찬이가 이번에는 우주선 안에 넣어 둔 사람을 꺼내면서 말했어요.

"이건 서인환 아저씨 같은 시각 장애인이야."

"우와! 시각 장애인까지!"

서인환 아저씨는 우리 찬이에게 특별한 존재예요. 찬이의 이야기를 잘 들어주고 호응을 잘해 줘서 단번에 친해졌지요.

처음에 찬이는 아저씨가 시각 장애인인 줄 몰랐대요. 시력을 완전히 잃은 것이 아니고 약시(한쪽이나 양쪽 눈의 시력이 낮게 나오고 안경을 써도 잘 보이지 않는 장애)라서 웬만한 건 보이기 때문에 눈치 채지 못했던 거죠. 더구나 서인환 아저씨는 걸어 다니는 백과사전이라고 해도 과언이 아닐 만큼 지식이 풍부한 분이에요. 나중에 서인환 아저씨 이야기를 하다가 그분이 시각 장애인이라고 알려 주었더니 찬이는 무척 신기하게

특별하지도, 모자라지도 않은

·

여겼어요. 그리고 자기가 시각 장애인과 친하다는 사실을 자랑스러워 하더군요.

"완전 장애인 우주선이네! 근데 어떻게 이런 걸 만들 생각을 했어?"

찬이의 답은 간단명료했어요.

"그냥!"

우주선을 꼭 비장애인만 타야 한다는 법이 없으니 장애인도 태운 것일 텐데 굳이 이유를 물었으니 우문에 현답인 셈이지요.

장애인 엄마 아빠와 함께 살다 보니 찬이는 자연스레 수많은 장애인들을 만났어요. 엄마 말고는 마땅히 돌봐 줄 사람이 없던 찬이는 어쩔 수 없이 엄마를 따라 출장도 함께 가고 워크숍이나 토론회에도 따라다녀야 했거든요. 그때마다 다양한 장애인들과 자주 만났던 거죠. 덕분에 일찌감치 장애, 비장애의 경계가 허물어진 것 같아요. 이런 아이를 보며, 인권 운동 한답시고 바쁘게 활동하느라 많은 시간을 함께하진 못했어도 수많은 장애인 친구들을 만나게 한 것은 다행이라며 스스로 위로하곤 해요.

우리 찬이처럼 어릴 적부터 장애인과 비장애인이 어울릴 기회가 많으면, 장애인이 늘 곁에 있다는 것을 의식하게 되겠죠.

그리고 어떤 일이든 장애인과 함께하기 위한 방법을 찾아낼 거예요. 모든 사람이 장애인도 우주선에 타는 것을 자연스럽게 여기는 세상이 살기 좋은 세상 아닐까요?

얼마 전 반가운 소식을 접했어요. 레고 회사에서 휠체어 피규어를 만들었대요! 털모자를 쓰고 휠체어에 앉은 소년이 강아지와 산책하는 피규어예요. 이 피규어는 레고의 시리즈 '레고시티 펀 앳 더 파크 60134편'에 포함돼 2016년 세상에 나왔어요.

아이들이 가지고 노는 장난감은 단순한 놀이 도구 그 이상일 거예요. 가장 친한 친구이자 자기 자신이 비춰진 존재죠. 하지만 사람이나 동물 모양으로 만든 장난감과 인형은 지나치게 틀에 박힌 모습을 하고 있어요. 최근 장애를 가진 인형들이 등장하면서 조금씩 편견이 깨지고 있지요.

영국에서는 장애를 가진 아이의 부모들이 뜻을 모아 '토이 라이크 미' 캠페인을 진행하고 있대요. 2015년 5월부터 시작한 이 캠페인은 장애를 가진 아이들에게 자신과 똑같은 모습의 인형을 만들어 주는 거예요. 장애를 가진 아이들에게 장애가 없는 인형은 왠지 멀게 느껴질 거예요. 자신이 가지고 노는 인형들을 내밀며 "엄마, 왜 나처럼 장애가 있는 인형은 없어요?"라고 물을 수도 있겠죠.

특별하지도, 모자라지도 않은

레고에서 만든 장애인 피규어

'토이 라이크 미' 캠페인 참가자들은 장난감 회사에 "다양한 신체를 반영한 장난감을 만들어 달라."고 요구했고, 장난감 회사들이 참여하기 시작했어요. 장애를 가진 우리 아이도 자신과 비슷한 모습을 한 인형을 갖게 하고 싶은 부모들의 마음이 세상을 움직인 거죠.

영국의 장난감 회사 '매이키즈'는 세계 최초로 장애 인형을 상품으로 만들었어요. 3D 프린팅 기술을 이용해서 인형을 제작하는 이 회사는 처음으로 남과 다른 신체적 특징을 가진 인형 멜리사, 헤티, 에바를 출시했어요.

멜리사는 얼굴에 분홍색 큰 반점이 있는 안면 장애인이에
요. 수화로 "사랑합니다."를 말하는 헤티는 양쪽 귀에 보청기
(청각 장애인이 소리를 들을 수 있
도록 해 주는 소리 증폭 장치)를
끼고 있어요. 에바는 안경을
쓰고 시각 장애인용 지팡이인
케인을 짚어요.

어릴 적부터 이런 장애 인형
들을 갖고 놀면 장애를 자연스럽
게 받아들일 수 있게 되겠죠.

출처: '토이 라이크 미' 페이스북
facebook.com/toylikeme

여기서 한번 같이 생각해 봐요. 장애인이 바라는 삶은 어떤
삶일까요?

대부분의 장애인들은 비장애인들과 함께 평범하게 살아가
길 바란답니다. 장애인이라고 해서 특별하게 살아갈 이유도
없고, 특별한 대우를 바라지도 않아요. 그렇게 되기 위해서는
장애인이 스스로 노력하는 것만으로는 부족해요. 장애가 없
는 사람들도 장애인과 함께 살아갈 수 있는 사회를 만들기 위
해 노력할 필요가 있어요.

그래서 장애인들은 1980년대부터 '참여'를 부르짖었어요.

특별하지도, 모자라지도 않은

1981년에 유엔 총회에서 '장애인의 완전한 참여와 평등'을 주제로 '세계 장애인의 해'를 선포함으로써, 장애인의 참여가 전 세계 국가의 공통 과제가 되었지요. 여기서 말하는 참여란, 장애인도 어떤 일이나 모임에 참여하여 관계할 수 있도록 해야 한다는 뜻이에요. 장애인도 인간의 모든 활동에 함께해야 한다는 거죠. 어찌 보면 당연한 말인데 우리의 현실이 그렇지 못하기 때문에 의도적으로 장애인을 고려해야 하지요.

예를 들어 볼게요. 장애인도 영화를 보러 갈 때가 있어요. 그런데 청각 장애인은 소리를 들을 수 없으니 자막이 있어야 하지요. 자막이 없다는 건 청각 장애인은 영화 보지 말라는 뜻과 같아요. 그런데 우리나라에서 만든 대부분의 한국 영화에는 자막이 없어요. 1년에 몇 번 열리지 않는 각종 국제 영화제에 가야만 자막이 나오는 한국 영화를 볼 수 있죠. 그래서 청각 장애인들은 가까운 영화관에서 영화를 볼 수 없어요. 특별한 시간, 특별한 장소에서만 영화를 볼 수 있다면 그건 평범한 삶이라고 보기 어렵죠.

예를 하나 더 들어 볼까요? 장애인도 국민의 한 사람이므로 투표 할 권리가 있어요. 그런데 투표소가 엘리베이터 없는 건물 2층 이상에 있을 경우, 휠체어 탄 장애인은 투표하기 힘들어요. 그리고 선거철이 되면 후보자에 대한 정보를 담은 공보물을 나눠 주는데, 시각 장애인을 위한 점자 책자는 찾아보기 힘들었어요. 그러므로 시각 장애인들은 후보자에 대한 정보를 남들보다 잘 알지 못한 채 투표를 하는 경우가 많았어요. 정치에 참여할 수 있는 시각 장애인의 권리를 충분히 보장받지 못했던 거죠. 2016년이 되어서야 선거 홍보물을 점자로 제작해 배포하도록 법으로 정해졌죠.

장애인은 장애 때문에 다른 사람들이 당연히 누리는 기회를 갖지 못하고 있어요. 하지만 장애인도 비장애인들과 똑같이 교육받고, 직업을 갖고, 투표를 할 수 있도록 정부가 평등한 기회를 보장해야 해요. 점자로 된 선거 공보물을 반드시 만들도록 법으로 규정하는 식으로 말이죠. 그렇게 되면 법을 지키지 않을 경우 처벌을 받게 되니 장애인은 더 많은 권리를 보장받게 되죠.

정부가 장애인에게 평등한 기회를 제공하는 법과 제도를 마련하고자 할 때 누구와 의논해야 할까요? 당연히 장애인이겠지요. 그런데 오랫동안 장애인이 아니라 장애인 가족이나 의사, 사회 사업가들이 대신 의견을 말해 왔어요. 장애인은 외출하기 힘드니까, 의사 표현을 잘하지 못하니까, 정책에 대해 잘 모르니까 하는 것이 그 이유였지요.

이제부터라도 장애인이 자신과 관련한 일이나 모임에 참가

특별하지도, 모자라지도 않은

하여 관계할 수 있도록 하는 '참여'가 보장되어야 해요. 장애인에게 필요한 것은 장애인이 가장 잘 알고 있으니까요. 장애인 자립 생활 제도가 대표적인 예에 해당해요. 장애인은 대부분 시설에서 살기보다 지역 사회에서 살고 싶어 해요. 그런데 장애인들이 지역 사회에서 살겠다고 부르짖기 전에는 장애인이 자립 생활을 원한다고 아무도 생각하지 못했어요. 장애인들이 원하는 자립 생활이 무엇인지는 뒤에 더 자세하게 알려 드릴게요.

장애인들도 자기가 원하는 삶을 살아갈 권리가 있어요. 장애인을 당당한 사회의 이웃으로 생각하고 평등한 기회를 주는 것이 더 평등한 사회로 나아가는 길이랍니다.

화가가 된 발레리나

김형희

제가 좋아하는 김형희 화가를 여러분에게 소개하고 싶어요. 김형희 화가의 그림에는 언제나 여자와 꽃, 화려한 색깔이 담겨 있어요. 김형희 화가는 그림을 전공한 분이 아니에요. 대학에서 현대무용을 전공했고 발레리나를 꿈꾸었지요.

김형희 화가가 그림을 그리기 시작한 건 장애 때문이에요. 교통사고로 척추를 다쳐 온몸을 움직일 수 없게 되었거든요.

무용을 할 수 없게 된 것도 절망스러웠지만, 무엇보다 힘든 건 혼자서는 할 수 있는 일이 거의 없다는 사실이에요. 혼자 힘으로는 숟가락, 젓가락질도 할 수 없고, 화장실에 갈 수도 없었죠.

지금은 화가가 되었지만 장애인이 되기 전에는 그림에 관심이 없었대요. 장애인이 되고 난 후 재활을 위해 그림을 배우러 다니고 싶었지만 계단이 많아서 엄두를 내지 못했구요. 하지만 그대로 포기할 수는 없었어요. 집에서 혼자 무용 잡지를 보며 따라 그리기 시작했대요. 그러다 보니 무용수를 그린 작품이 하나둘

특별하지도, 모자라지도 않은

쌓이기 시작했어요. 자신이 이루지 못한 발레리나에 대한 동경이 작품에 담기지 않았을까요?

이렇게 작품 활동을 시작했기 때문에 초기작에는 주로 무용수가 등장해요. 최근 작품에는 여성들의 다양한 아름다움이 표현되어 있어요.

제가 가장 인상 깊었던 작품이 2016년 〈기억 속 꿈의 여행〉 전시회에서 만난 '3월.. 집으로 가는 길'인데요, 분홍색 꽃나무 그림이 화려하게 펼쳐진 그림이에요. 김형희 화가는 꽃나무를 기준으로 곡선을 따라 자신의 삶을 담았다고 했어요. 이 작품을 보면 김형희 작가의 정신세계가 얼마나 화려하고 환하며 따뜻한지 짐작할 수 있을 듯해요.

김형희 화가는 온몸이 마비되었기에 자기 힘으로 붓을 잡기도 힘들어요. 그래서 처음에는 붓을 손에 붕대로 고정해 그림을 그렸대요. 계속 그리다 보니 지금은 근력이 생겨서 붓을 잡을 수 있는 보조 도구를 사용해 그림을 그릴 수 있게 되었어요. 그리고

3D 프린터 업체의 후원을 받아 손에 맞는 보조 도구를 만들 수 있었답니다.

김형희 화가와 같은 척수 장애인의 경우 같은 자세로 오래 앉아 있거나 누워 있으면 피부가 눌려 썩어 들어가기도 해요. 그래서 그림 그리는 시간을 최대한 줄이기 위해 작업하기 전에 미리 어떻게 그릴지 꼼꼼히 구상을 한대요. 더 나은 작업을 위해 평소에 메모를 하거나 자료를 수집도 하고요.

심한 장애를 가진 김형희 화가는 장애가 없는 남자와 만나 결혼을 했어요. 남편은 늘 든든한 후원자가 되어 주고 있지요. 예쁜 딸도 낳았어요. 지금 그 딸이 열두 살이 되었어요. 누구보다도 엄마를 이해해 주는 착한 딸이래요.

김형희 화가는 "그림은 나의 두 번째 희망"이라고 말해요. 장애인이 되지 않았다면 아마 그림은 꿈도 꾸지 않았을 테지요. 불의의 사고 이후 모든 가능성이 사라지고 나서 그림이라는 새로운 세계의 문이 열린 거예요.

김형희 화가의 활동은 개인적으로 그림 작업을 하는 데 그치지 않아요. 그래서 자신이 찾은 희망을 주변 사람들에게도 나눠 주고자 '한국장애인표현예술연대'라는 단체를 만들어 대표를 맡고 있어요. 회원들과 함께 그린 그림으로 전시회나 그림 콘서트도 열고 있지요. 미술 치료 활동도 열심히 하고 있어요.

심한 장애를 가졌으면서도 자신과 비슷한 처지의 장애 여성들이 다시 새로운 삶을 시작할 수 있도록 적극적으로 돕는 김형희 화가가 저는 정말 자랑스러워요.

누구에게나 숨겨진 잠재력은 있어요. 잠재력을 찾아내고 가능성을 발견하게 되는 계기는 사람들마다 다르겠지요. 여러분도 어떤 계기로든 자신이 가진 잠재력과 가능성을 찾아낼 수 있기를 바랄게요.

장애를 가진
'인간'

2장

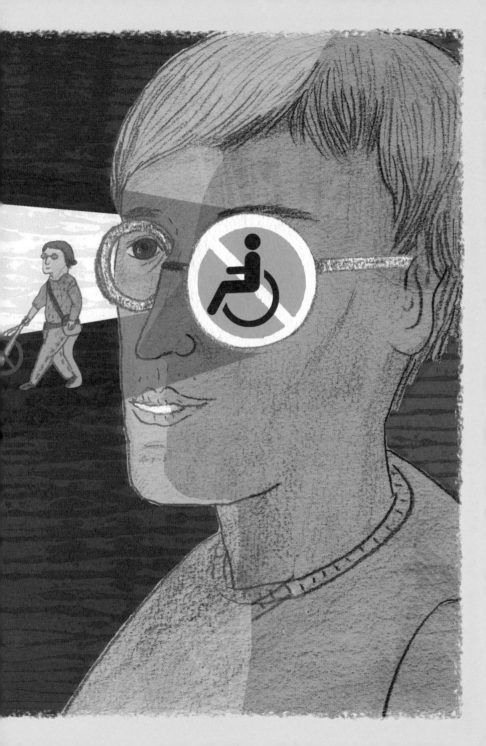

장애인을 부르는 말

'벙어리 냉가슴', '꿀 먹은 벙어리', '눈 뜬 장님', '장님
코끼리 만지기', '안팎곱사등이' 같은 비유적인 표현이 여전히
사용되고 있어요. 이런 말은 장애를 부정적으로 표현하는 말이라서
장애인에 대해 편견을 갖게 해요. '벙어리 냉가슴'은 '가슴앓이',
'안팎곱사등이'는 '진퇴양난', '사면초가' 같은 고사성어나 '꼼짝
못하다' 같은 표현으로 바꾸어도 뜻이 충분히 통하지요.

장애와 관련된 말은 대부분 좋지 않은 의미를 담고 있어요. 쓸모없는 사람, 하찮은 사람, 어딘가 모자란 사람을 가리킬 때 장애와 관련된 말이 자주 사용되니까요. 심지어 욕으로 사용 되는 말들도 상당히 많아요. 그렇다 보니 아예 장애인과 관련 한 말을 입에 담지 않으려는 사람들도 있지요.

하지만 장애인은 우리 주변에서 우리와 함께 살아가는 존 재예요. 그러니 장애와 관련된 말을 전혀 사용하지 않고 지낼 수는 없을 거예요. 무엇보다 장애를 부끄러워하던 시대는 이 미 지나갔으니까요.

그러면 장애인을 어떻게 부르면 좋을까요? 제가 그동안 들 어 왔던 말을 예로 들어 볼게요.

어릴 때 가족들은 저를 "다리 아픈 아이"라고 불렀어요. '아 픈 사람' 즉 환자로 보고, 제 상태가 언젠가는 나을 것이라는 믿음을 가졌지요. 그런데 저는 걷지 못할 뿐 다리가 아프지는 않았어요. 그건 지금도 마찬가지고요. 그러니 장애인을 아픈 사람이라고 부르는 건 옳지 않아요.

장애인을 '아픈 사람'으로 보면 다른 문제도 생겨요. 장애 문 제를 개인의 문제로 생각하게 되는 거지요. 장애인이 된 사람 은 어떤 이유로든 병을 얻은 것이니 치료를 잘해서 병을 고치 면 된다는 거죠. 병 때문에 고통받는 사람도, 치료를 받아야 하는 사람도 온전히 환자 개인이니, 문제를 해결하기 위해 스스로 노력하라는 의미가 돼요. 이런 입장에서 장애인이 겪는 차별과 장애인의 참여를 가로막는 사회 환경은 그다지 중요한 문제가 아니죠. 사실 굉장히 중요한 문제인데 말이죠.

많은 사람들이 오해하고 있어요. 장애인들을 가장 힘들게 하는 건 장애로 인해 불편한 몸과 마음이 아니에요. 장애인에 대한 편견과 차별이지요. 따라서 고쳐야 할 것은 장애인이 가진 장애가 아니라, 장애를 가졌다는 이유로 장애인을 차별하는 사회 구조와 제도죠.

어릴 적 동네 아이들은 저를 보고 "절름발이"라며 놀렸어요. 장애가 있는 제 걸음걸이를 놀림거리로 표현한 거죠. 그런 놀림을 받을 때마다 쥐구멍에라도 숨고 싶은 심정이었어요. '왜 남의 약점을 놀림거리로 삼을까?' 싶었지요. 저는 남의 약점을 놀림거리로 삼아도 하나도 즐겁지 않았거든요.

가족이나 친지들은 놀리려는 의도는 아니었지만 가끔 저를 두고 "다리 저는 아이"라고 했어요. 장애로 인한 겉모습의 특징을 콕 짚어서 표현하는 방식으로 바람직하지 않아요.

한자어 중에 '파행跛行'이라는 말이 있어요. '절뚝거리며 걷는 식으로 균형이 잘 잡히지 않는 것'을 뜻하는데, 한자어를 많이 사용하던 2~30년 전에 많이 쓰던 말이지요. 지금도 언

특별하지도, 모자라지도 않은

론에서 가끔 '국회 파행' 혹은 '절름발이식 행정'이라는 표현을 써요. '불균형하다'든가 '균형 잡히지 않았다'는 표현을 쓸 수 있고 그게 어감도 훨씬 좋으니 굳이 장애를 들먹이는 표현들은 쓰지 않았으면 좋겠어요.

그밖에도 '벙어리 냉가슴', '꿀 먹은 벙어리', '눈 뜬 장님', '장님 코끼리 만지기', '안팎곱사등이' 같은 비유적인 표현이 여전히 사용되고 있어요. 이런 말은 장애를 부정적으로 표현하는 말이라서 장애인에 대해 편견을 갖게 해요. '벙어리 냉가슴'은 '가슴앓이', '안팎곱사등이'는 '진퇴양난', '사면초가' 같은 고사성어나 '꼼짝 못하다' 같은 표현으로 바꾸어도 뜻이 충분히 통하지요.

장애인을 비하하는 표현 중 지금까지 가장 꾸준히 쓰이는 말은 '병신'이란 말일 거예요. 병신은 '신체나 정신의 어느 부분이 온전하지 못하거나 기능을 잃은 사람'을 가리키는 말이에요. 하지만 이 말은 장애인을 얕잡아보는 말인데다 장애인을 '몸에 병이 있는 사람', 즉 환자라는 사실을 들먹이는 말이에요. 하지만 어떤 사람이 실제 질병을 앓고 있는 경우 "이 신장병자", "저 암환자"라고 부르진 않죠.

간혹 병신이라는 말을 욕이라 여기지 않고 무심코 사용하는 사람들도 있어요. 장애가 없는 사람에게 "병신"이라고 말할 때는 '이 덜 떨어진 장애인 같은 사람'이라는 의미로 쓰이죠. 이런 표현은 저 같은 장애인이 듣기에 몹시 거북해요. 자신과 관련된 말이 욕으로 쓰이는 걸 듣고 기분 좋을 사람은 없을 테니까요.

예전에는 장애인을 "불구자"라고 불렀어요. '불구(자)' 또는 '불구폐질(자)'라는 말은 '온전하지 못한 자'라는 뜻으로, 주로 지체 장애인을 가리키던 말이었어요. 1980년대 이전까지 폭넓게 사용되다가 1980년대 초 '심신장애자복지법'이 생기고 80년대 후반 장애인 인권 운동이 시작되면서 사라지게 되었지요. 그 뒤로 '장애자'라는 말이 공식적으로 사용되었어요. 그래도 연세 많은 분들 중에는 아직도 장애인을 불구자라고 부르는 분들이 있어요.

제가 대학을 졸업하고 취업을 하기 위해 사원모집 광고나 공무원 시험 공고문을 열심히 뒤지던 1980년대 후반에는 "불구 또는 불구폐질자는 응시할 수 없다."는 문구가 항상 있었어요. 사회 진출을 앞둔 제게 그 문구는 엄청난 장벽으로 느껴졌지요. '사회생활을 하는 데 있어 내가 무엇을 갖추지 못했을까?' 심각하게 고민해야 했어요.

'심신장애자복지법'이 생기고 공식화된 '장애자'라는 표현은 1990년 개정된 '장애인복지법'부터 '장애인'으로 바뀌어요.

특별하지도, 모자라지도 않은

장애인 관련 단체에서 '장애자'의 '자者'는 인격을 비하하는 '놈 자者'이고 일본식 표기이므로 '사람 인人'자로 바꾸어야 한다고 직접 청원했고, 그것이 법에 반영된 거예요. 현재는 '장애인'이라는 말이 가장 적당한 표현으로 쓰이고 있지요.

그럼 여기서 문제를 하나 낼게요. 장애인과 장애가 없는 사람이 같이 있어요. 그러면 장애가 없는 사람은 뭐라고 불러야 할까요?

일반인? 정상인? 그럼 장애를 가진 사람은 일반적이지 않고, 비정상인 사람일까요? 어디까지가 정상이고 어디까지는 비정상일까요? 그 기준은 과연 누가 정하는 걸까요?

'정상'이라는 기준을 만들어 놓고 그 기준에 맞지 않으면 '비정상'으로 몰아붙이는 태도는 아주 위험할 수 있어요. '우리 편은 착하고 다른 편은 나쁘다.', '우리 편은 우월하고 다른 편은 열등하다.'와 같이 내가 속한 집단을 '정상'으로 정하고 편을 가르면, 나와 다른 편을 무시하거나 함부로 대해도 된다고 생각하게 돼요. 크게 보면 전쟁도, 학살도 이런 마음 때문에 발생하게 되는 거죠.

그럼 장애가 없는 사람을 대체 어떻게 불러야 할까요? 앞에서 제가 쓴 것처럼, 아닐 '비非' 자를 써서 '비장애인'이라고 표현하면 돼요. 세상에는 장애가 있는 사람과 장애가 없는 사람이 공존하니까요. 없을 무無자를 써서 '무장애인'이라고 해도 좋겠어요. 장애가 있는 사람의 반대말은 장애가 없는 사람일 테니까요.

어떤 친구들은 '장애인을 뭐라고 부르든 그게 뭐가 중요해?'라고 생각할 수도 있을 거예요. 그런데 말에는 우리가 생각하는 것보다 더 큰 힘이 있어요.

사람은 자신이 누구이며 어떤 사람인지에 대해 스스로 규정을 내리며 정체성을 형성해요. "나는 한국 사람이야.", "나는 여자야.", "나는 회사원이야." 라는 식으로 자신을 만들어 가지요. 그런데 장애인과 같은 사회적 약자의 경우에는 '스스로가 생각하는 나'와 '남들이 보는 나' 사이에 엄청난 간극이 있게 마련이죠.

휠체어를 탄 장애인 김씨 아저씨를 예로 들어 볼게요. 아저씨는 열심히 노력해서 한 중소기업 사장이 되었어요. 김씨 아저씨는 자신을 기업가로 여기고 있으며, 회사에서는 모든 사람이 아저씨를 사장님으로 부르죠.

그런데 아저씨가 휠체어를 타고 마트에서 쇼핑을 하면 '그 몸으로 무엇하러 힘들게 돌아다니느냐?'는 사람들의 동정 어린

특별하지도, 모자라지도 않은

시선을 피할 수가 없어요. 그런 시선을 마주하는 순간, 한 사람의 기업가는 온데간데없고 불쌍한 장애인만 남게 되죠. 마주치는 사람마다 붙잡고 "나는 내 사업체를 가지고 있는 사람이다."라고 밝히지 않는 이상 자신의 정체성을 제대로 보여줄수 없어요. 이렇듯 당당한 사회인인 김씨 아저씨와 사람들이보는 김씨 아저씨 사이에는 엄청난 차이가 있게 마련이에요.

사람들이 김씨 아저씨에 대해 잘 알지도 못하면서 무조건불쌍하게 보거나 어딘가 부족한 사람으로 보는 이유는 뭘까요? 그건 장애인을 오랫동안 병신, 불구자 등으로 부르면서 장애인을 병이 있는 사람, 어딘가 결함이 있는 사람으로 여겼기때문이에요. 장애인들의 실제 처지와는 상관없이, 장애에 대해 잘 알지 못하는 비장애인들이 습관적으로 잘못된 표현을써 온 거지요.

이런 것들을 그대로 두면 아무것도 바뀌지 않아요. 제대로된 표현을 써야만 장애인에 대한 편견이 깨지고, 장애인들도건강한 자기 정체성을 세울 수 있어요. 바로 이런 이유 때문에장애인들은 장애인을 가리키는 용어를 제대로 정해야 한다고정부와 사회를 향해 끊임없이 요구하는 것이죠.

혹시 '장애우'라는 용어를 들어봤나요? 한 장애인 단체에서장애인에 대한 부정적인 인식을 바꾸기 위해 제안한 말이에요.

그 단체에서 벌인 캠페인 덕분에 이 용어가 널리 퍼졌지요.

그런데 이 말을 반대하는 장애인도 아주 많아요. '장애인을 친구처럼 대하자.'는 좋은 뜻인 건 알지만, 장애인 스스로가 자신을 장애우라고 부를 수 없는데다 장애인을 독립적인 인격체로 존중하는 표현도 아니기 때문이지요.

잘 이해가 안 되나요? 장애인이라고 해서 모두의 친구일 수는 없잖아요. 장애인의 친구가 되어 주고 싶은 마음은 고맙지만 장애인의 동의가 있을 때 친구가 될 수 있겠지요.

또한 '장애인'이라는 법정 용어가 있는데도 불구하고, 특정한 단체가 언론에 영향력을 미쳐 '장애우'를 공식 용어처럼 쓰게 한 것에 대해 항의하는 목소리가 상당히 높아요.

이런 문제의식에 동의하는 사람들이 많아져서 최근에는 '장애우'라는 말을 쓰는 사람들이 많이 줄어들었어요.

혹시 주변에서 '애자'라는 말을 쓰는 사람이 있나요? 1980년대 쓰였던 '장애자'라는 말을 줄인 말인데, 이 말이 장애인을 비하하거나 놀리는 말로 쓰이고 있다고 들었어요. 장애 학생들 중 '애자'라는 놀림을 받으며 학교 폭력에 시달리는 학생들이 많다니 안타까운 일이지요. 아이들은 물론 어른들조차 아무 생각 없이 이런 폭력적인 말을 쓰고 있다니 도저히 믿기

특별하지도, 모자라지도 않은

지 않아요.

아무 생각 없이 내뱉는 한마디 말이 장애인들의 삶과 인격을 무시하고, '장애인'이라는 표현이 생겨난 역사와 과정을 무시하는 행동일 수 있다는 걸 꼭 기억해 주면 좋겠어요.

호호 아줌마가 절름발이라고 놀림받던 어린 시절로부터 50년이란 세월이 흘렀는데 장애인을 보는 사람들의 의식은 제자리걸음이거나 오히려 뒤로 물러선 것 같아 마음이 너무 아프네요. 여러분 중에는 장애인을 두고 '애자'라고 놀리는 사람이 한 명도 없다고 믿어요.

무엇이 장애일까

어쩌면 '장애'의 기준은 사람들의 좁은 생각이
만들어 낸 것일지도 모르겠어요. 사람들의 다양한 모습을 인정하지
않고, 남들과 조금 다르면 문제가 있다고 생각하죠. "저 사람은
장애인이다." 하고 도장을 쾅 찍어 버리는 거죠. 도장이 찍히면 차별과
편견이 따르고요. 그러니까 장애인은 "장애를 가지고 있다는 이유로
사회에서 차별을 받는 사람들"이라고 정의할 수 있겠어요.

'장애'라는 게 도대체 뭘까요? 자유롭게 움직일 수 없는 것? 사회생활을 잘할 수 없는 것?

우리나라에는 '장애인복지법'이라는 법률이 있어요. 우리나라 대부분의 법률은 '장애인복지법'에 따라 장애를 정의하고 있지요. 이 법에 따르면 "장애인이란 신체적·정신적 장애로 오랫동안 일상생활이나 사회생활에서 상당한 제약을 받는 자"라고 되어 있어요. 몸과 마음에 문제가 있어 일상생활이나 사회생활을 제대로 하기 힘든 사람이 장애인이라는 거죠.

호호 아줌마는 다리의 기능을 잃은 지체 장애인이에요. 그러니 이동하는 데 장애를 갖고 있는 거예요. 시각 장애인이라면 앞을 보지 못하기 때문에 일상생활, 사회생활에 어려움을 겪어요.

그런데 일상생활을 하는 데 어려움이 없어도 장애에 포함되는 경우가 있어요. 예를 들어 안면 장애는 얼굴 근육이 마비되거나 화상을 입은 경우에 생겨요. 하지만 안면 장애가 있어도 일상생활하는 데는 문제가 거의 없어요. 얼굴에는 무엇이 있나요? 눈, 코, 입, 귀가 있어요. 눈으로 보고 귀로 듣는 기능에 이상이 생기면 시각 또는 청각 장애에 해당하지요. 코와 입으로는 무엇을 하죠? 입을 사용해 말을 하거나 밥을 먹고,

코로 숨을 쉬지요. 하지만 안면 장애가 있다고 말을 못 하거나 밥을 먹고 숨을 쉬지 못하는 경우는 별로 없어요. 아주 심하면 말하는 데 어려움을 겪기도 하지만 드문 경우이지요.

그런데 왜 안면 장애가 장애에 포함되었을까요? 그건 안면 장애가 있는 사람들을 보고 무섭다며 피하거나 함께 어울리려 하지 않는 사람들이 있기 때문이죠. 얼굴이 무서우니 이사를 가라고 협박하는 이웃이 있는가 하면, 그런 얼굴을 하고 왜 돌아다니느냐며 손가락질하는 사람들도 있대요. 그런 일을 겪다 보니 안면 장애인들은 사람들을 피하게 되고 자신감이 점점 없어지게 되죠.

회사에서도 마찬가지예요. 아무리 능력이 뛰어나도 안면 장애인을 채용하지 않아요. 얼굴에 흉터가 있어도 일을 하는 데는 아무 지장이 없는데도 말이죠. 의사, 변호사, 교사 등의 전문직은 물론이고, 컴퓨터로 업무 처리를 하거나 공장에서 무언가를 만들어 내는 능력은 장애가 없는 사람들과 다르지 않아요. 판매직이나 서비스직의 경우는 외모가 뛰어난 사람들을 뽑기도 한다죠. 잘생기거나 예쁜 사람이 상냥하게 웃으며 손님을 대하면 판매가 더 잘된다고 여기니까요. 하지만 상품의 품질이 좋은지 나쁜지, 가격은 적당한지 등을 따져 보지 않고 판매원의 외모를 보고 물건을 산다면 현명한 소비라고는 할 수 없겠죠.

이렇듯 사회적 차별은 아무 문제없이 사회생활을 할 수 있는 사람도 장애인으로 만들어요. 이주 노동자라든가 동성애자들도 여러 가지 차별과 불이익을 당하지요. 이 사람들도 사회생활을 하는 데 제약이 있으니 장애인으로 분류해야 할까요?

장애를 정의하는 게 생각보다 쉽지 않죠? 그렇다면 장애를 어떻게 정의해야 할까요?

한 가지 분명한 것은 장애에 대한 정의는 앞으로 계속 달라질 거란 사실이에요. 사람들이 장애를 느끼는 상황은 사회마다 다르고 시대에 따라 다르기 마련이니까요.

우리 대부분은 귀가 둘이지요? 만일 주변에 귀가 하나인 사람이 있다면 장애인으로 취급 당하죠. 네팔에서는 팔이 두 개인 사람이 장애인이라는 우스갯소리도 있어요. 네팔이란 나라 이름을 가지고 만든 유머인데, '팔이 네 개인 사람들의 나라(=네팔)'에서는 팔이 두 개인 사람이 이상한 사람으로 취급될 수 있다는 거죠. 팔이 네 개인 사람들의 나라가 있을 리 없지만, 그만큼 이상하다는 기준이 상대적일 수 있다는 사실을 일깨우는 우스갯소리 같아요.

장애의 기준은 사람들의 좁은 생각이 만들어 낸 것일지

도 모르겠어요. 사람들의 다양한 모습을 인정하지 않고, 남들과 조금 다르면 문제가 있다고 생각하죠. "저 사람은 장애인이다." 하고 도장을 쾅 찍어 버리는 거죠. 도장이 찍히면 차별과 편견이 따르고요. 그러니까 장애인은 "장애를 가지고 있다는 이유로 사회에서 차별을 받는 사람들"이라고 정의할 수 있겠어요. 이 말은 장애를 가지고 있다는 이유로 차별받지 않는다면, 더 이상 장애인이 아닐 수 있다는 뜻이지요. 그러니 가장 중요한 건 장애를 가지고 있어도 차별받지 않을 수 있는 사회를 만드는 일이겠네요.

호호 아줌마는 장애인이 모두 사라진 세상에서 한번 살아 보고 싶은데, 그런 세상을 만들기 위해 함께 노력해 줄래요? 나는 장애인도 아닌데, 왜 그런 걸 함께해야 하느냐고요? 아주 좋은 질문이에요!

대부분의 사람들은 국가에 등록된 장애인이 아니지요. 하지만 우리는 저마다 한두 가지씩 장애를 가지고 있어요.

제 아들 찬이는 안경을 쓴 데다 왼손잡이에요. 어느 날 찬이가 말하더군요.

"엄마, 나도 눈이 잘 보이지 않으니 시각 장애인이야?"

시각 장애인까지는 아니지만 시력이 남과는 다르니 장애가 있는 셈이죠. 안경을 쓰지 않으면 칠판 글씨도 잘 안 보이고,

거울을 볼 때 자기 얼굴이 뚜렷하게 보이지 않으니까요.

WHO(세계보건기구)의 장애 기준에 따르면, 안경을 쓴 사람도 장애를 가진 사람들이에요. 아기를 가진 임부도 아기를 낳을 때까지는 일시적으로 장애를 가진 거고요. 그러므로 국가는 아기를 낳기 위해 일시적 장애를 감수해야 하는 분들을 보호해야 할 책임이 있어요. 지하철에 노약자석과 함께 임산부석이 마련되어 있는 것은 이 때문이랍니다.

안경을 쓴 사람, 아이를 가진 사람도 장애인일 수 있다니 놀랍죠? 왼손잡이도 마찬가지에요. 왼손잡이들은 밥 먹을 때도 옆 사람의 팔과 자주 부딪히고, 컴퓨터를 할 때도 자판이 오른손잡이들에게 맞춰져 있어 불편하지요. 그래서 예전에는 왼손잡이에게 오른손을 사용하도록 강요했어요. 왼손잡이에게 문제가 있다고 여겼기 때문이지요.

그런데 사람들의 생각이 바뀌기 시작했어요. '세상에는 왼손잡이도 있고 오른손잡이도 있는데 왜 모든 물건이 오른손잡이에게 맞춰져 있을까? 오른손잡이만이 정상이라고 여기는 것이 과연 옳은 걸까?' 하는 의문을 갖게 된 거죠. 오른손 사용만을 강요하는 세상이 잘못이라는 쪽으로 생각이 바뀌기 시작했고, 왼손잡이도 편리하게 사용할 수 있는 컴퓨터 자판, 손잡이 컵, 가위 등이 개발되었고요.

덕분에 이제는 왼손잡이도 억지로 오른손을 사용하기 위해 노력하지 않아도 돼요. 소수자에 대한 차별을 없애니 오른손잡이와 왼손잡이가 자연스럽게 공존하는 세상이 된 거예요. 남들과 좀 다른 면을 가졌어도 "너는 틀렸어.", "너는 왜 그 모양이니?" 하고 손가락질 당하거나 비웃음 당하지 않고 살아갈 수 있는 세상으로 나아가고 있는 거죠.

여러분도 남보다 부족한 점이라든가 남과 비교했을 때 자신 없는 모습이 있을 거예요. 남들은 잘 모르는데도 나 스스로는 굉장히 신경이 쓰여 행여나 남들이 알게 될까 봐 안절부절못하죠. 그런 걸 가리켜 콤플렉스라고 해요. 콤플렉스가 있으면 사람들과 친해지거나 사회생활을 하는 데 장애가 되기도 하지요. 사람이라면 누구나 한두 가지 콤플렉스는 갖고 있을 거예요. 똑같은 상황이라도 어떤 사람은 콤플렉스를 매우 크게 느껴서 심각한 장애를 겪기도 하고, 어떤 사람은 약점에 연연하기보다 장점을 개발하고자 노력하는 차이가 있을 뿐이죠. 평생 약점 하나 없이 완벽한 사람은 없답니다.
　'난 안경도 안 쓰고, 왼손잡이도 아니야. 그리고 콤플렉스도 없어.'라고 생각하는 사람도 있을 거예요. 그런데 말이에요, 수십 년 동안 아무 장애 없이 살아가던 사람도 뜻하지 않은 사고로 장애를 갖기도 해요.

사고나 병으로 장애가 생기지 않더라도 나이가 들면 누구나 장애를 갖게 돼요. 아무 탈 없이 건강하게 늙는 건 모두의 바람이지만 주위의 할머니, 할아버지들을 봐도 현실은 그렇지가 않지요. 젊었을 때 건강했던 몸이 제 기능을 하기 어려워지지요. 관절에 문제가 생겨 지체 장애가 생길 수도 있고, 심장 기능이 나빠져 인공 심장을 달아야 할 수도 있죠. 젊었을 때처럼 잘 보거나 잘 듣지 못하는 등 한두 가지 장애를 갖고 살아가게 돼요.

무엇을 장애로 보느냐에 따라 장애에 대한 인식은 완전히 달라져요. 이런 측면에서 바라보면 장애는 나와 반드시 관련이 있어요.

그러니 이제부터 무엇이 장애인지, 장애 때문에 받는 차별에는 어떤 것이 있는지 관심을 기울여 봐요.

장애의 15가지 종류

농인들은 소리가 들리지 않는 것을 장애로
여기기보다 자신들의 존재 양식으로 여겨요. 수화를 사용하는 것도
자신들만의 문화라고 생각해요. 소리 나는 언어가 아닌, 보이는
언어인 수화로 소통하는 것뿐이라는 거죠.
우리는 한국말을 사용하지만 미국 사람들은 영어로, 프랑스 사람들은
불어로 소통하듯이 세상 모든 사람이 하나의 언어로 소통하는 게
아니잖아요? 그러니까 다른 언어로 소통한다고 해서 이상할 게
하나도 없다는 의미지요.

우리나라에는 얼마나 많은 장애인이 살고 있을까요?

2014년에 보건복지부에서 조사한 자료에 따르면, 우리나라에는 장애인이 272만 6,900명 정도 있대요. 우리나라 인구가 약 5천만 명이니까, 국민 중 약 5퍼센트가 장애인인 셈이에요. 20명 중 1명이니 꽤 많은 숫자라고 할 수 있죠.

장애인 중에는 지체 장애인이 135만 3,753명으로 가장 많고, 뇌병변 장애인이 30만 8,100명이에요. 안면 장애인은 3,019명으로 가장 적지요. 장애인 가운데 여성의 비율은 42.3퍼센트로 111만 9,285명이에요.

그렇다면 장애인들은 어떻게 장애를 가지게 되었을까요?

태어날 때부터 장애가 있는 사람은 11.1퍼센트밖에 되지 않아요. 대부분 질병이나 사고로 장애를 갖게 되는 거니까 장애를 부모에게서 물려받은 거라고 보기 힘들어요.

그런데 불과 2~30년 전만 해도 장애가 유전된다고 생각하는 사람들이 많았어요. 그래서 장애인이 결혼하려고 하면 심한 반대에 부딪혔지요. 장애인은 장애가 있는 아이를 낳는다고 여겼으니까요. 장애가 유전과는 거리가 멀다는 사실이 알려진 요즘에도 장애인과의 결혼을 반대하는 입장은 크게 달라지지 않았어요. 그만큼 우리 사회가 장애를 갖고 살아가기 힘든 구조이기 때문이죠.

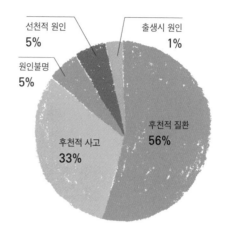

장애가 왜 생겼을까?

출처: 2015 장애인 통계
(한국장애인고용공단 고용개발원)

선천적 원인
5%

출생시 원인
1%

원인불명
5%

후천적 질환
56%

후천적 사고
33%

　　장애인들은 집 밖 활동에서 얼마나 불편함을 느낄까요? 장애인 중 45.3퍼센트, 그러니까 10명 중 네다섯 명은 집 밖에서 활동하기가 불편하대요. 이 중 16.8퍼센트는 매우 불편하고 했고요. 특히 자폐성 장애, 뇌병변 장애, 안면 장애, 장루·요루 장애, 호흡기 장애, 심장 장애, 지적 장애를 가진 경우 집 밖에서 활동할 때 불편을 느끼는 비율이 높아요.

　　장애인들이 집 밖에서 활동을 할 때 불편한 이유는 뭘까요? 그 이유로는 '장애인 관련 편의 시설 부족'이 47.0퍼센트로 가장 많고, '외출 시 동반자가 없어서'가 29.5퍼센트, '주위 사람들의 시선 때문에'가 11.4퍼센트 순이에요.

　　비장애인은 일상적으로 이용하는 지하철을 장애인이 이용

특별하지도, 모자라지도 않은

하기가 얼마나 힘든지 앞에서도 얘기했지요. 그러니 장애인이 집 밖에서 자유롭게 생활할 수 있으려면 모두가 안전하고 편안하게 이용할 수 있는 편의 시설을 갖춰야 해요.

국가에서 관리하는 장애에 대해 좀 더 자세히 알아볼게요. 우리나라에서는 현재 15종류의 장애를 인정하고 있어요. 장애인복지법에 따르면, 장애는 크게 신체적 장애와 정신적 장애로 나눌 수 있어요.

'신체적 장애'란 겉으로 보이는 것은 물론이고, 몸 속 장기의 장애까지 모두 말해요. 외부 신체적 장애에는 지체 장애, 뇌병변 장애, 시각 장애, 청각 장애, 언어 장애, 안면 장애 등이 있지요. 신장 장애, 심장 장애, 호흡기 장애, 간 장애, 장루·요루 장애, 뇌전증(간질) 장애는 신체적 장애 중에서도 내부 기관의 장애에 해당해요. '정신적 장애'에는 지적 장애, 자폐성 장애, 정신 장애가 있지요.

우리나라 장애인 중에서 가장 많은 수를 차지하고 있는 지체 장애인에 대해 알아볼까요? 지체 장애는 팔과 다리 또는 몸통에 장애가 생기는 거예요. 교통사고나 추락 사고를 당하거나 현장에서 일을 하다 사고를 입어 많이 생기지요. 호호 아줌마처럼 소아마비 같은 병을 앓고 난 후유증으로 장애를 갖게 되기도 해요. 지체 장애인들은 장애가 심한 정도에 따라

장애의 분류

대분류	중분류	소분류
신체적 장애	외부 신체 기능 장애	지체 장애, 뇌병변 장애, 시각 장애, 청각 장애, 언어 장애, 안면 장애
	내부 기관 기능 장애	신장 장애, 심장 장애, 호흡기 장애, 간 장애, 장루·요루 장애, 간질 장애
정신적 장애	발달 장애	지적 장애, 자폐성 장애
	정신 장애	정신 장애

목발, 보조기, 의족이나 의수, 휠체어를 사용해요.

지체 장애에도 종류가 많아요. 소아마비 후유증, 절단 장애, 근육병, 왜소증, 척추 변형, 척수 손상 등 여러 가지가 있어요.

먼저 소아마비 후유증은 '폴리오polio'라는 바이러스에 감염되어 한쪽 혹은 양쪽 다리가 마비되거나 심한 경우 온몸이 마비되어 장애를 입는 경우에요.

절단 장애는 신체의 일부가 잘리는 장애를 말해요. 교통사고나 산업 재해로 다쳐서 이런 장애가 생기는 경우도 있고, 질병 때문에 어쩔 수 없이 잘라야 하는 경우도 있어요. 안타까운 일이지만, 요즘도 어떤 나라에서는 전쟁이나 지뢰 때문에 다리를 잃는 경우가 있어요.

특별하지도, 모자라지도 않은

근육 장애는 온몸이 차츰 마비되는 병으로, 크게 근이양증과 루게릭병으로 나눌 수 있어요. '근이양증'은 근육의 단백질이 차츰 없어져 결국 온몸을 움직일 수 없게 되는 질병이에요. '루게릭병'은 운동 신경의 세포가 차츰 없어져 마지막에는 온몸이 마비되는 질병인데 시간이 가면서 상태가 나빠지는 경우가 많지요. 세계적인 물리학자 스티븐 호킹이 루게릭병으로 근육 장애를 갖고 있죠.

왜소증은 '저신장'이라고도 해요. 뼈가 제대로 만들어지지 않고 자라지 않아 조그만 충격에도 뼈가 쉽게 부러지기도 하고요. 뼈와 연골이 제대로 갖춰지지 않아서 키가 아주 작고 신체 비율이 불균형할 수도 있어요. 그럴 때는 성장 호르몬 주사를 맞거나 다리를 늘리는 수술을 받기도 하는데, 수술 과정이 길고 고통스러우며 후유증을 겪을 수 있어요.

우리 몸에는 척추라는 게 있지요. 등뼈를 이루는 뼈마디를 가리켜요. 척추 장애는 바로 이 척추가 손상되어 몸이 옆으로 휘거나 등이 튀어나오는 장애를 말해요. 태어날 때부터 장애가 있는 경우도 있고 병 때문에 생기기도 해요. 척추를 크게 다칠 경우 키가 자라지 않고 등이나 허리가 심하게 휘기도 하지요.

18대 국회의원을 지낸 곽정숙 의원은 척추 장애인이었어요. 장애 여성의 권익을 위해 열과 성을 다해 일하셨던 분이었는데 안타깝게도 의정 활동 중 병을 얻어 투병 생활을 하다가 2016년 세상을 떠나셨어요.

척수 손상은 척추 안을 지나는 신경(척수)을 다치는 거예요. 척수는 뇌와 연결되어 있어서 뇌가 내린 명령을 몸의 각 부분에 전달하고, 몸의 각 부분에서 받아들인 자극을 뇌에 전달하기도 하지요. 척수를 다치면 다친 부위 아래로는 움직일 수 없거나, 감각을 느낄 수 없게 돼요. 손이나 다리를 사용할 수 없을 뿐 아니라 추위나 더위, 차가움과 뜨거움 같은 감각도 느낄 수 없게 되지요. 그래서 대소변을 처리하는 데 어려움을 겪

특별하지도, 모자라지도 않은

는 척수 장애인들이 꽤 있어요.

뇌병변 장애는 뇌에 이상이 생기는 장애로, 크게 뇌성마비와 외상성 뇌손상, 뇌졸중이 있어요.

뇌성마비는 아기 때 뇌에 이상이 생겨 뇌가 제대로 자라지 못하거나 태어나는 과정에서 산소가 부족한 경우, 뇌막염 등으로 인해 신경을 다쳐서 생기죠. 뇌를 다치면 팔, 다리가 굳고, 마음대로 움직여지지 않으며 말을 정확하게 하지 못하는 경우가 많아요. 그래서 지적 장애가 있다는 오해를 자주 받지만 대부분 지능에는 아무 문제가 없답니다.

외상성 뇌손상은 교통사고나 각종 사고 때문에 장애가 생기는 경우를 말해요.

뇌졸중은 흔히 중풍이라고도 하지요. 주로 40대 이상 성인에게 나타나는 장애인데요, 뇌에 혈액이 제대로 공급되지 않아서 손과 발이 굳거나 말을 잘 못하거나 숨을 잘 못 쉬는 증상이 나타나요.

지체 장애와 뇌병변 장애 외에도 신체적 기능 장애에는 시각 장애, 청각 장애, 언어 장애, 안면 장애가 있어요. 시각 장애는 앞을 잘 볼 수 없는 장애를 말해요. 완전히 볼 수 없는 경우와 시력을 교정한 뒤에도 일상생활에 상당한 지장을 받는 정도의 저시력으로 나뉘어요.

청각 장애는 잘 들을 수 없는 장애를 말해요. 소리를 전혀 듣지 못하는 경우와 어느 정도 소리는 들을 수 있는 난청으로 구분되죠.

나이가 들어 귀가 잘 들리지 않게 되었거나 심하지 않은 난청 등을 제외한 상당수의 청각 장애인들은 수화를 제1언어로 사용해요. 수화를 사용하는 자신들의 농문화(Deaf Culture)를 소중하게 여기고, 모임을 통해 계속 교류하며 소속감을 갖고 살아요. 그런 사람들은 농인聾人이라고 불러요.

농인들은 소리가 들리지 않는 것을 장애로 여기기보다 자신들의 존재 양식으로 여겨요. 수화를 사용하는 것도 자신들만의 문화라고 생각해요. 소리 나는 언어가 아닌, 보이는 언어인 수화로 소통하는 것뿐이라는 거죠.

우리는 한국말을 사용하고 미국 사람들은 영어로, 프랑스 사람들은 불어로 소통하듯이 세상 모든 사람이 하나의 언어로 소통하는 게 아니잖아요? 그러니까 다른 언어로 소통한다고 해서 이상할 게 하나도 없다는 의미지요.

다큐멘터리 작가 이길보라 감독의 부모님은 두 분 다 청각 장애를 갖고 있어요. 그래서 어릴 적부터 청각 장애인을 또 하나의 언어를 가진 사람으로 받아들일 수 있었다지요. 이길보라 감독은 다른 가족들과는 다른 방식으로 소통하는 자신의 가족 이야기를 〈반짝이는 박수 소리〉라는 다큐멘터리로 만들었어요.

영화 제목으로 쓰인 '반짝이는 박수 소리'라는 표현은 청각 장애인들이 박수 치는 모습을 뜻해요. 청각 장애인들은 두 손을 마주쳐 소리 내는 식으로 박수를 치지 않고, 두 손을 들어 흔들며 박수를 치거든요. 그렇게 청각 장애인들의 박수 치는 모습을 보면 실제로 빛이 나는 것처럼 반짝거리고 참으로 아름다워요.

이렇게 겉으로 드러나는 장애 외에도 몸속 장기들에 이상이 있어 발생하는 내부 장애도 종류가 많아요. 실제 장애의 종류는 훨씬 많고, 앞으로는 장애의 종류가 더 늘어날 거예요.

지금 장애의 종류가 15가지인 건 나라에서 관리하기 쉽도록 비슷한 장애끼리 묶어 놓았기 때문이에요. 이런 분류를 억지로 외우려고 골머리를 앓을 필요는 없어요. 내 주변에 장애를 가진 사람이 있다면 그 사람에게 어떤 장애가 있는지, 장애로 인해 어떤 불편을 느끼는지 자연스럽게 알아 갈 테니까요.

그때 호호 아줌마가 들려준 얘기가 조금이라도 기억나면 좋겠네요.

장애인이기 전에
먼저 인간이다

"지능이 낮은 사람으로서가 아니라, 장애인으로서 아니라,
나는 먼저 인간으로 대우받고 싶다!
(I want to be treated like people first)"

혹시 발달 장애인과 한 공간에 있어 본 적이 있나요?

청소년들 중에서 만약 발달 장애 학생과 함께 수업을 들은 학생이 있다면 수업 시간에 돌아다니거나 소리를 질러서 눈살을 찌푸린 적이 있을 거예요. '저 아이만 없다면 우리 교실이 조용하고 평화로울 텐데……' 하는 생각을 했을 수도 있어요. 그런 생각이 들 수 있어요. 이전에는 겪어보지 못한 낯설고 곤혹스러운 경험이 달가울 리 없으니까요.

그런데 혹시 발달 장애 학생의 입장을 생각해 본 적 있나요? 이런 질문을 하는 이유는 어떤 입장에서 보느냐에 따라 같은 상황도 아주 다르게 보이기 때문이랍니다. 지금까지 내 입장에서만 세상을 봐 왔다면, 한 번이라도 발달 장애를 가진 사람의 입장에서 생각해 보라고 권하고 싶어요. 그러면 생각이 좀 달라질 수 있으니까요.

발달 장애인을 좀 더 이해할 수 있도록 발달 장애에 대해 얘기해 볼게요. 발달 장애는 뇌에 문제가 생겨 나타나는 장애예요. 발달 장애는 크게 지적 장애와 자폐 장애로 나뉘어요.

'지적 장애'는 지능 지수가 낮아서 사람들과 소통하거나 일상생활을 스스로 챙기기 힘든 장애를 말해요. 장애가 발생하게 된 원인이 밝혀진 경우는 5% 정도이고, 대부분 발생 원인을 알 수 없다고 해요.

과거에는 지적 장애가 있는 사람들에게 교육을 받을 기회도, 사회에 참여할 기회도 주지 않았어요. 하지만 지적 장애인에게 자신을 개발할 기회를 충분히 준다면 장애가 없는 사람들과 크게 다르지 않게 살아갈 수 있지요.

제 지인 은혜 씨는 지적 장애인이에요. 은혜 씨는 다운증후군 때문에 지적 장애가 생겼어요.

다운증후군은 염색체 이상으로 생겨요. 사람의 세포는 46개의 염색체로 구성되어 있어요. 염색체는 각각 짝을 이루고 있어서 모두 23쌍이지요. 크기가 큰 순서대로 1번에서 22번까지 번호가 붙어 있고, 23번은 남자인지 여자인지 결정하는 성염색체예요. 그런데 다운증후군인 사람은 21번 염색체가 3개예요. 발생 원인은 아직 정확하게 밝혀지지 않았어요. 다운증후군의 특징은 외모로도 나타나요. 납작한 얼굴에 양쪽 눈썹 사이가 넓고 눈꼬리가 올라가 있고, 코와 머리 뒤통수가 납작하지요.

ⓒ은혜

지적 장애를 가진 은혜 씨는 여느 이십 대들처럼 멋 내기를 좋아하고 음악과 춤을 즐겨요. 만화가인 엄마를 닮아서인지 그림도 잘 그린답니다. 은혜 씨가 그린 그림이《네 마음을 말해 봐 - 발달 장애인과 함께하는 컬러링북》이란 책으로 나오기도 했어요. 은혜 씨가 그린 그림에 발달 장애인들이 색칠을 하며 자신을 표현할 수 있는 책이에요.

비장애인 기준에서는 은혜 씨의 그림이 썩 잘 그린 작품이 아닐 수도 있어요. 그런데 은혜 씨의 그림에는 발달 장애인 은혜 씨의 느낌이 살아 있어요. 억지로 잘 그리려고 꾸민 그림이 아니기에 사람들이 훨씬 친근하게 느끼죠. 은혜 씨의 창작 활동으로 발달 장애인들도 자신의 언어와 색깔로 자신의 목소리를 낼 수 있게 된 거죠.

《네 마음을 말해 봐-발달 장애인과 함께하는 컬러링북》표지와 본문

자폐 장애는 주로 세 살 이전에 뇌에 이상이 생겨 다른 사람들과 어울리고 의사소통하는 데 어려움을 겪는 장애예요. 다른 사람과 대화를 나누기도 힘들고 친구를 잘 사귀지도 못하지요. 스스로 뭔가를 하려는 마음이 부족하고 특정 주제에만 관심을 갖기도 해요. 자폐 장애인 중에는 감각 자극에 극도로 민감한 사람이 있는데 샤워기에서 떨어지는 물이 몸에 닿기만 해도 아파하기도 한답니다. 변화를 싫어하고, 같은 것만 하려고 고집하기도 해요. 대화할 때 같은 말만 되풀이하거나 다른 사람의 질문을 그대로 따라 하기도 하고요. 아예 말을 하지 않는 경우도 있지요. 심한 경우 괴상한 소리를 지르거나 자기 머리를 때리기도 해요. 이런 행동들이 이상해 보이는 건 우리가 우리의 입장에서 그들의 행동을 바라보기 때문이죠.

자폐증인 사람은 혼나면서도 웃는다고 주의를 받는 경우가 있는데, 그가 웃는 이유는 몇 가지가 있습니다. 자신이 혼나고 있는 원인을 알기 때문에 안심하고 기뻐하는 경우와 화가 난 상대의 표정이 평소와 다른 탓에 웃음을 견디지 못하는 경우가 있습니다.
혼을 내는 사람은 자신이 얼마나 화가 났는지를 상대에게 전할 목적으로 무서운 표정을 짓겠지요. 그러나 내 경우, 화가 났다면

특별하지도, 모자라지도 않은

말로 설명하면 될 텐데 왜 굳이 저런 표정을 짓는 것일까 하고
생각하게 됩니다.

—히가시다 나오키, 《나는 괜찮은 사람입니다》, 흐름출판, 2015

자폐 장애인인 히가시다 나오키는 자폐 장애인이 보통 사람
들이 보기에는 이상한 순간에 웃음을 보이는 이유를 잘 설명
하고 있지요. 자폐 장애인들이 하는 행동들에는 나름의 이유
가 반드시 있어요. 다만 우리가 이해하지 못할 뿐이죠. 그러니
이상하다고 화를 내거나 고치려 들기보다는 이해하려고 노력
을 하는 것이 먼저겠죠?

자폐 증상은 아주 다양해요. 글자를 전혀 모르는 사람이 있
는가 하면 암기력이 아주 뛰어난 사람도 있지요. 자폐증 중에
서 '서번트 증후군'의 경우 수학, 음악, 예술, 기계 분야에서 보
통 사람들보다 월등한 재능을 나타내는 사람들이 있어요. 예
를 들어 대단히 큰 수를 빠르게 암산하거나, 한 번 들은 곡을
기억해 연주하거나, 특별한 훈련을 받지 않고도 복잡한 기계
들을 수리하기도 해요.

이제 지적 장애와 자폐 장애를 조금 더 이해하게 되었나요?
그럼 발달 장애인들과 의사소통하는 방법을 설명할게요.

발달 장애인과 대화를 할 때는 잘 알아들을 수 있도록 쉬

운 문장을 짧게 끊어서 말해 주세요. 발달 장애인이 말할 때는 친근한 태도로 끝까지 말을 들어주세요. 학교에서 발달 장애 학생이 돌발 행동을 하거나 귀찮게 한다고 해서 때리거나 따돌리지 말았으면 해요. 그 일이 발달 장애인에게 상처가 되는 것은 물론이고, 폭력을 휘두른 여러분에게도 상처로 남을 수 있으니까요. 발달 장애인과 친구가 되는 건 누구나 쉽게 하지 못하는 특별한 경험이에요. 이전에 만나 보지 못했던 새로운 친구를 만나, 그 친구를 이해하려고 노력하는 일, 그 친구로 인해 새로운 것들을 알아가는 일은 여러분의 삶을 더 풍성하게 해 줄 거예요.

이제까지 발달 장애인들은 학교에서도, 장애인 시설에서도 그리 행복하지 않았어요. 발달 장애 학생들은 주로 특수 학교에 다니면서 또래 친구들과는 동떨어진 삶을 살았어요. 특수 학교조차도 다니지 못하고 집 안에서만 지내거나 시설에 보내지는 경우도 허다했지요.

요즘에는 일반 학교 안에 있는 특수 학급에서 공부하는 학생들이 늘어나고 있지만 아직 학교는 장애 학생들에게 그리 친근하거나 안전한 곳이 아니에요. 발달 장애를 잘 이해하지 못하는 비장애 학생들이 장애 학생을 무시하거나 놀리니까요.

장애인을 보호하는 기관에서도 발달 장애인은 행복할 수

없어요. 외출할 때는 생활 재활 교사, 팀장, 국장 등에게 허락을 받아야 하고, 통장에 돈이 있어도 사고 싶은 것을 마음대로 살 수 없어요. 심지어 매를 맞거나 학대를 당하는 경우도 있어요.

그런 이유로 요즘에는 발달 장애인들도 자기가 원하는 삶을 살아갈 권리를 주장하고 있어요. 대표적인 것이 바로 '피플 퍼스트people first 운동'이죠. 그게 뭐냐고요?

1973년에 미국 오리건 주에서 발달 장애인 자기 권리 주장 대회에서 한 발달 장애인 참가자가 이렇게 외쳤지요.

"지능이 낮은 사람으로서가 아니라, 장애인으로서 아니라, 나는 먼저 인간으로 대우받고 싶다!(I want to be treated like people first!)"

이 말에서부터 '피플 퍼스트 운동'이 시작되었어요. "사람이 먼저다!"라는 너무나 당연한 말이 발달 장애인에게는 운동을 통해 이루어 내야 할 목표인 거죠. 그동안 발달 장애인은 '사람'으로 인정받지 못했기 때문이에요. 그러니까 "사람이 먼저"라는 말은 "사람답게 대우해 달라."는 처절한 외침인 것이죠.

이후 1990년대에 이르러 미국, 캐나다, 영국, 일본 등으로

'피플 퍼스트 운동'이 퍼졌어요. 한국의 경우는 2014년 전국 발달 장애 당사자 대회 때부터 '피플 퍼스트 운동'이 시작되었어요.

1. 장애인과 비장애인을 서로 구분 짓지 마라. 다 같은 사람이다.
2. 우리는 최선을 다하고 있다. 빨리빨리 하지 못한다고 다그치지 마라.
3. 우리는 일할 수 있다. 우리에게도 일자리를 만들어 달라.
4. 우리가 장애인이라고 폭력을 쓰거나 무시하지 마라.
5. 우리는 감정이 없는 동물이 아니다. 안 된다고 얘기하지 마라. 사랑도 할 수 있고 결혼도 할 수 있다.
6. 우리의 눈높이에서 우리가 알아듣기 쉽게 이야기해라.
7. 우리도 비장애인과 똑같은 대우를 받고 싶다.
8. 우리는 서로 서로 힘이 되어주고 도와가며 생활하자.

위의 여덟 가지 요구는 한국에서 열린 1회 전국 발달 장애 당사자 대회에서 발표된 선언문의 내용이에요.

"다그치지 마라. 폭력을 쓰거나 무시하지 마라. 안 된다고 얘기하지 말라."라는 요구는 누구나 공감할 만한 내용일 것 같아요. 사람이라면 누구라도 그런 대접을 받아서는 안 되지

특별하지도, 모자라지도 않은

요. 힘이 약한 어린이든, 노인이든 장애인이든 함부로 대하지 말고 존중하는 것, 그것이 바로 인권 존중이니까요.

발달 장애인들 중 장애인 시설에서 나와 스스로 생활을 꾸려 가는 사람들이 있어요. 이걸 '자립 생활'이라고 해요. 발달 장애인들은 지체 장애인이나 뇌병변 장애인들보다 자립 생활이 힘들 수밖에 없지요. 물건을 사고, 은행 업무를 처리하는 등 일상적인 일을 할 때도 수없이 실수를 해요. 그렇게 시행착오를 겪으면서 혼자 힘으로 생활하는 법을 배워 간답니다.

장애인 시설에서 생활하면 다른 사람들이 다 알아서 해 주는데 왜 사서 고생을 하느냐고요?

장애인 시설에서 매일 똑같은 사람들만 만나고 똑같은 일상만 반복하는 삶보다 지역 사회에서 원하는 사람들과 어울려 살아가는 삶이 훨씬 더 행복하기 때문이지요. 여러분이 스스로의 의지와 선택으로 무언가를 할 때, 그것이 힘들고 고달프더라도 마음은 더 즐거운 것과 마찬가지예요. 그러니 조금 느리고 힘들지라도 행복을 향해 한 발 한 발 나아가는 발달 장애인들이 자립의 꿈을 이룰 수 있도록 응원해 주세요.

원하는 곳에서 생활할 자유와 권리

에드워드 로버츠가 주도한 '자립 생활 운동'은 미국은
물론 일본, 한국의 중증 장애인의 삶에도 영향을 미쳤어요. 덕분에
장애인들이 장애인 시설에서만 살지 않고 지역 사회에서 살아갈
수 있는 길이 열렸지요. 이렇게 장애인들 앞에 놓인 장벽과 차별을
없애기 위해 앞장서는 분들이 있기에 장애인들의 삶이 조금씩
나아지고 있답니다.

우리나라는 장애인이 살기 좋은 곳일까요? 예전보다 좋아지긴 했지만 제가 보기에는 아직 멀었어요. 아직도 장애인이 돌아다니기엔 불편하고 위험한 데가 많고, 들어갈 수 없는 곳도 많아요. 그래서 장애인들은 불합리한 사회를 바꾸기 위해 노력을 하고 있어요. 이것은 대단한 변화이지요.

10년 전만 해도 대부분의 사람들은 장애인들을 위해 사회 환경을 바꾸는 노력을 하기보다는 시설이 잘 갖추어진 곳에서 지내는 편이 더 낫다고 생각했어요. 장애인들은 가족에게 짐이 된다는 이유로 장애인 시설로 보내지기도 했지요.

장애인 시설에서는 보통 사람들과 같은 교육을 받을 수 없어요. 그저 정해진 규칙에 따라 움직이고 음식과 잠자리를 제공받을 뿐이지요. 성인이 되어서도 취업을 하고 스스로 돈을 버는 것은 꿈도 꿀 수 없죠. 좋아하는 친구를 만나고 싶어도 관리자의 허락을 받아야 해요. 죽을 때까지 가족들과 떨어진 채로, 자유라고는 찾아볼 수 없는 생활을 좋아하는 사람은 아마 없을 거예요. 하지만 장애 정도가 심한 장애인들은 자신의 의사와는 상관없이 장애인 시설로 보내졌어요. 그곳에서 감옥에 갇힌 죄수처럼 살다가 생을 마감해야 했지요.

장애를 가졌다는 이유만으로 이런 삶을 사는 것이 당연한 건 아니에요. 그래서 장애인들은 자신의 권리를 찾기 위해 나섰어요. 비장애인들과 마찬가지로 스스로의 의지로 살고 싶다는 마음으로 '자립 생활 운동'을 시작했어요.

자립 생활 운동은 미국에서 시작되었어요. 자립 생활의 아버지로 불리는 에드워드 로버츠는 호흡 보조 도구가 필요한 전신 마비 중증 장애인이에요. 로버츠는 입학을 허가하지 않는 버클리 대학의 문을 끈질기게 두드린 끝에 1962년 대학에 입학했지요.

하지만 버클리 대학은 로버츠가 공부할 수 있는 환경이 아니었어요. 계단과 턱이 있어 교실은 물론이고 도서관과 식당도 들어가기 힘들었고, 로버츠가 생활할 수 있는 기숙사도 없었지요. 학교생활을 제대로 하기 위해서 로버츠는 학교를 바꿔 나가야 했어요. 혼자 힘으로 해낼 수는 없었어요. 뜻을 같이 한 친구들이 있었죠. 로버츠와 친구들이 노력한 덕분에 버클리 대학은 장애인이 공부하기 좋은 학교가 될 수 있었어요.

대학에서 정치학 박사 학위를 받은 뒤 에드워드 로버츠는 캘리포니아주 재활국 국장으로 일하게 되었어요. 그리고 1971년에 중증 장애인이 장애인 시설에서 벗어나 자립 생활을 할 수 있는 길을 만들고자 버클리 자립 생활 센터를 만들었어요. 세계 최초의 자립 생활 센터였지요.

이곳은 장애인들이 지역 사회에서 살아가기 위한 준비를 할

특별하지도, 모자라지도 않은

수 있도록 도움을 주었어요. 예를 들면 시설에서 살던 장애인들은 스스로 살 집을 마련한다거나 재정 관리를 해 본 경험이 없거든요. 이런 것들을 하나하나 준비해 나갈 수 있도록 지원한 거죠. 장애인이 살기 좋은 지역 사회 환경을 위한 활동도 함께 해 나갔어요.

에드워드 로버츠가 주도한 '자립 생활 운동'은 미국은 물론 일본, 한국의 중증 장애인의 삶에도 영향을 미쳤어요. 덕분에 장애인들이 장애인 시설에서만 살지 않고 지역 사회에서 살아갈 수 있는 길이 열렸지요. 이렇게 장애인들 앞에 놓인 장벽과 일상적인 차별을 없애기 위해 앞장서는 분들이 있기에 장애인들의 삶이 조금씩 나아지고 있답니다.

우리나라의 경우를 살펴볼까요? 우리나라에서는 2001년부터 자립 생활 운동이 시작되었어요. 자립 생활이란 장애인이 지역 사회에서 살며 스스로의 선택과 결정을 통해 일상생활을 스스로 해 나가는 것을 뜻하지만, 모든 것을 혼자 힘으로 해결하기는 힘들어요. 그래서 국가가 장애인이 인간답게 살 수 있도록 일상생활에 필요한 지원을 해 주지요. 대표적인 지원이 바로 활동 보조 서비스예요.

활동 보조 서비스는 혼자서 생활하기 힘든 중증 장애인 집에 활동 보조인 등이 찾아가 밥을 먹거나 몸을 씻는 일, 청소나 세탁은 물론이고 외출하는 일 등을 거들지요. 활동 보조인에게는 국가나 지방 자치 단체가 급여를 주고요.

이런 서비스 덕분에 가족의 도움 없이는 문밖에 나갈 수 없던 장애인들이 세상 밖으로 나갈 수 있게 됐어요. 활동 보조인의 도움으로 화장실도 가고 함께 마트나 공원, 병원 등으로 외출도 하죠. 두 다리는 물론 양손을 사용하기 힘들어도 전동 휠체어를 타고 직장에 다닐 수 있어요. 스스로의 힘으로 돈을 벌게 되면 장애인은 쓸모없거나 다른 사람에게 의지해 사는

특별하지도, 모자라지도 않은

사람이 아닐 수 있어요. 사회에 보탬이 되고, 스스로 생활도
해 나가는 당당한 시민으로 다시 태어나는 셈이죠.

하지만 장애인들이 직장 생활을 하기 위해서는 바뀌어야
할 것들이 많아요. 현재 장애인 중에서 직장 생활을 하는 사
람은 39.9퍼센트밖에 되지 않아요. 비장애인 가운데 63퍼센
트가 일을 하는 상황에 비추어 보면 절반 정도밖에 경제 활
동을 못하고 있죠. 장애인을 고용하는 회사가 많지 않기 때문
이에요. 정부에서 직원이 50명 이상인 회사는 장애인을 2.3퍼
센트 이상 고용하도록 법으로 정해 놓았지만 제대로 지켜지지
않아요. 손에 꼽히는 대기업들도 이런 법을 잘 지키지 않으니

장애인과 비장애인의 경제활동 통계   출처: 2015 장애인통계(한국장애인고용공단 고용개발원)

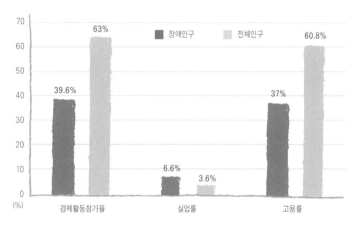

그보다 규모가 작은 회사들은 어떻겠어요?

대기업들은 장애인을 고용하지 않고 대신 벌금에 해당하는 부담금을 내고 있어요. 장애인을 고용하는 것보다 벌금을 내는 게 더 이득이라는 거죠. 정부에서는 국가 기관에서도 장애인을 의무적으로 3퍼센트 이상 고용하도록 법으로 정했어요. 2020년부터 장애인을 의무적으로 고용하지 않는 국가 기관이나 지방 자치 단체는 부담금을 물게 되지요.

이제 더 많은 장애인들이 직장에 다니며 일할 수 있게 될까요? 호호 아줌마는 그렇게 되길 기대하고 있답니다. 많은 장애인들이 사회 속에서 비장애인들과 어울리며 당당한 시민으로 살아가길 꿈꿀 거예요.

여기서 제가 가장 좋아했던 후배 구근호 소장 이야기를 하고 싶어요. 구근호 소장은 서울시 동대문구에서 새날장애인자립생활센터를 운영하면서 장애인들이 스스로 살아갈 수 있게 도왔어요.

구근호 소장은 언어 장애도 있고 걷는 것도 어려운 뇌성마비 장애인이라 전동 휠체어를 타고 다녔지요. 밖에 돌아다니기 힘든 상황에서도 전국을 다니며 동료들의 자립 생활을 돕기 위한 상담을 하며 권익을 옹호하는 활동을 했어요. 대표적인 것이 '동료 상담'인데요, 장애로 인해 겪게 되는 어려움들

특별하지도, 모자라지도 않은

을 실제로 경험한 동료들끼리 서로 상담하는 것을 말해요. 장애로 인해 억눌렸던 문제를 장애인 스스로 해결할 수 있도록 하는 방법이라고 할 수 있죠.

구근호 소장의 헌신과 노력 덕분에 문밖으로 나오기조차 어려웠던 중증 장애인들이 장애 시설을 벗어나 자기 삶을 가지게 되었어요. 비슷한 경험이 있는 동료들의 지지와 도움을 통해 장애인들이 세상 밖으로 나올 수 있게 된 것이지요.

2015년 1월, 구근호 소장은 활동 보조 서비스를 하고자 하는 분들에게 교육을 하고 돌아오는 길에 횡단보도에서 교통사고를 당했어요. 사랑하는 아내와 한창 재롱을 부릴 나이의 두 자녀를 두고 그만 하늘나라로 가고 말았지요.

호호 아줌마뿐만 아니라 장애인 동료들 모두가 구근호 소장의 안타까운 죽음을 서러워했어요. 그렇지만 마냥 슬퍼할 수만은 없는 일이었어요. 우리에게는 해야 할 일이 있으니까요. 장애인이 마음 편히 돌아다닐 수 있는 세상이 될 때까지 우리의 노력을 멈출 수 없으니까요. 구근호 소장이 부디 하늘나라에서는 안전하고 행복하기를 함께 빌어 주세요.

모두를 위한 디자인

얼마 전 캐나다 밴쿠버 롭슨 광장에 있는

계단 사진을 보고 "정말 멋지다!" 생각했어요.

계단 한복판에 장애인들이 이용할 수 있는 경사로가 자연스럽게

설계되어 있었거든요. 그건 마지못해 만들어 놓은 느낌이 아니었어요.

"장애인도 사회의 한 구성원이니 당당하게 계단을 이용할 권리가

있어!" 라고 말하는 듯했죠.

계단이 있는 큰 건물 앞, 휠체어를 탄 호호 아줌마는 장애인 경사로부터 찾아요. 장애인 경사로는 아무리 찾아도 없을 때가 많고, 있다고 해도 구석에 숨어 있는 경우도 많죠. 뭔가 구색을 맞추려고 만들어 놓은 느낌이 들긴 하지만, 그래도 경사로가 있어서 건물에 들어갈 수 있으니 '이게 어디냐.' 하고 이용을 해요.

그런데 얼마 전 캐나다 밴쿠버 롭슨 광장에 있는 계단 사진을 보고 "정말 멋지다!" 감탄했어요. 계단 한복판에 장애인들이 이용할 수 있는 경사로가 자연스럽게 설계되어 있었거든요. 그건 마지못해 만들어 놓은 느낌이 아니었어요. "장애인도 사회의 한 구성원이니 당당하게 계단을 이용할 권리가 있어!"라고 말하는 듯했죠. 한마디로 약자를 배려한 디자인이 돋보이는, 그래서 더 아름다운 계단이었어요.

계단 옆에 설치된 경사로는 휠체어를 이용하는 장애인만을 위한 길이 아니에요. 자전거를 몰고 다니는 사람도 경사로가 있어서 편할 테고, 계단 오르내리기 힘든 어르신이나 어린아이들도 경사로로 다닐 테지요.

밴쿠버 롭슨 광장의 계단처럼 약자를 소외시키지 않는 디자인을 '유니버설 디자인Universal Design'이라고 불러요. 유니버설은 '보편적인, 전체의, 만능인'이라는 뜻이고, 디자인은 '설계, 계획, 구조'라는 말이니까 유니버설 디자인은 '보편적 디자인'이라고 할 수 있죠.

유니버설 디자인은 장애인, 비장애인, 남녀노소, 외국인 할 것 없이 최대한 많은 사람이 이용할 수 있도록 제품, 환경, 건

물을 디자인하는 것이에요. 우리 주변에 있는 대부분의 제품
과 건물들은 사회에서 제일 많은 수를 차지하는 평균적인 사
람의 체격과 운동 능력에 맞춰 만들어져요. 한마디로 성인 남
자들에게 편리하게 되어 있죠. 그래서 체격이 작은 아이들이

나 운동 능력이 덜한 여자와 노인, 그리고 장애인들은 사용하기 힘들거나 사용할 수 없는 제품이 많지요.

유니버설 디자인은 미국 건축가 로널드 메이스(1941~1998)가 처음 시작했대요. 로널드 메이스는 호호 아줌마처럼 소아마비를 앓아 평생 휠체어를 이용했어요. 그래서 자신 같은 장애인은 물론이고 다른 모든 사람들도 편하게 이용할 수 있는 디자인이 필요하다고 생각했지요. 그래서 유니버설 디자인을 '모두를 위한 설계'라고도 해요.

장애인을 고려해서 만든 건축, 공공시설 등에 '배리어 프리' 또는 '무장벽'이라는 말도 자주 사용해요. 장애인 같은 약자도 장벽 없이 이용할 수 있다는 뜻이지요. '유니버설'은 함께 누구나 이용한다는 의미가 강하고, '무장벽'이라고 할 때는 장애인이 이용하는데 불편함을 느끼지 않는 것을 중요하게 생각해요. 배리어 프리의 개념에 따라 장애인을 위한 장벽을 없애려다 보니 '장애인 전용'이라는 말이 생겨났지요.

요즘 새로 짓는 건물의 현관은 계단이나 경사로가 없이 지상과 바로 연결되어 있어요. 계단 옆에 경사로를 설치해 휠체어나 유모차 등이 다닐 수 있게 했던 예전과 달라졌죠. 유니버설 디자인의 원리를 바탕으로 해서 지어졌기 때문이지요. 계단 옆에 경사로를 설치하는 것이 배리어 프리라면, 아예 계단을 없애고 누구나 편리하게 이용할 수 있게 하는 것이 유니 버설 디자인이라고 할 수 있어요.

모두를 위한 설계라니 매력적으로 느껴지지 않나요? '과연 그게 현실에서 가능할까?' 고개를 갸우뚱하는 분들도 있을 거예요. 아마 완벽하게 모두를 위한 설계를 하는 건 불가능할 수도 있어요. 하지만 유니버설 디자인의 가치는 한 사람도 소외되는 사람이 없도록 최대한 고려하는 데 있어요.

유니버설 디자인에는 일곱 가지 원칙이 있답니다.

첫째, 누구나 공평하게 이용할 수 있어야 해요. 누구도 차별, 열등감, 불안감을 느끼지 않아야 한다는 원칙이에요. 예를 들어, 엘리베이터는 건물이나 시설 안에서 층을 이동할 때 사용해요. 계단보다 엘리베이터를 이용하면 편리하죠. 특히 계단을 오르내리기 힘든 노인이나 아이들, 임산부와 휠체어 사용자에게 편리해요. 엘리베이터는 누구나 타기 때문에 혼자서만 다른 사람과 다르다는 생각을 할 필요가 없어 불안하지 않아요. 이렇게 유니버설 디자인은 연령이나 성별, 장애 여부에 관계없이 모두가 공평하게 사용할 수 있어야 하지요.

둘째, 자유롭게 사용할 수 있어야 해요. 어떤 제품이든 사용 방법이 모두 같지는 않아요. 그러므로 누구라도 기분 좋고 편리한 방법으로 사용할 수 있도록 하는 거죠. 예를 들어 손잡이가 왼쪽과 오른쪽 양쪽에 달려 있는 냉장고가 있다면 오른손잡이나 왼손잡이 모두 편리할 거예요.

셋째, 사용 방법이 간단하고 쉬워야 해요. 사용자가 누구든 사용 방법을 간단하게 알 수 있도록 만들어야 하죠.

넷째, 정보를 이용하기가 쉬워야 해요. 사용자가 시각, 청각 등의 감각 능력이 어느 정도이든지 관계없이 정보를 전달하기가 쉽게 만들죠. 지하철에서는 방송, 전광판의 표시, 그림 문자 등으로 중요한 정보를 알기 쉽게 전달하고 있어요. 예를 들어 화장실의 위치를 알려 주는 그림 문자는 정보가 한눈에 전달될 뿐 아니라 우리말을 모르는 외국인도 알아보기 쉽지요.

다섯째, 실수가 위험이나 사고로 이어지지 않도록 만들어요. 입에 넣은 것은 모두 삼켜 버리는 아기들의 특성을 고려해 아기 장난감의 경우 형태나 크기를 연구하게 되지요.

여섯째, 힘을 많이 들이지 않고도 자연스러운 자세로 사용할 수 있도록 디자인하고 있어요. 키나 체격, 힘의 세기가 달라도 똑같이 사용할 수 있어야 해요.

일곱째, 사용하기 위한 충분한 공간이 필요해요. 장애인 화장실이나 가족 화장실의 경우 아이를 데리고 다니는 부모가 사용할 수 있도록 보통 화장실보다 넓게 만들어요. 컴퓨터의

특별하지도, 모자라지도 않은

키보드도 키와 키 사이를 조금만 넓게 만든다면 오타가 줄어들 수 있어요.

실제로 이런 원칙에 따라 만들어진 물건들에는 어떤 것들이 있을까요?

먼저 왼손잡이와 오른손잡이가 같이 사용할 수 있는 '양손잡이용 가위'가 있어요. 보통 가위는 오른손잡이가 사용하기 편하게 만들어졌지요. 세상에 오른손잡이들이 더 많으니까요. 보통 가위를 왼손으로 쓰면 날의 방향과 손잡이 모양이 달라서 잘 잘리지도 않고 손도 불편해요. 그래서 왼손잡이용 가위가 나왔지요. 문제는 왼손잡이용 가위는 오른손잡이가 쓰기 불편하다는 거예요. 모두를 위한 가위가 아니지요. 그래서 유니버설 디자인을 적용해 왼손잡이, 오른손잡이가 모두 사용할 수 있는 양손잡이용 가위가 나왔어요. 이 가위는 한쪽 손잡이가 뚫려 있어서 어떤 손으로 잡아도 사용하기 편해요.

유니버설 디자인으로 만든 펜도 있어요. 손에 힘이 없는 장애인이나 노인, 글씨 연습을 갓 시작한 아이들은 펜을 잡고 글을 쓰는 게 어려울 때가 많아요. 이런 사람들을 위해 다양한 방법으로 잡을 수 있게 만들어진 펜이에요. 누구나 손에 힘을 덜 주고 쓸 수 있고 발이나 입으로도 글씨를 쓸 수 있는 모두를 위한 제품이에요.

그 밖에도 큰 힘을 들이지 않고 쉽게 플러그를 빼낼 수 있는 콘센트, 높낮이를 조절할 수 있는 탁자, 30도 정도 기울어져 있어서 허리를 구부리지 않아도 옷을 넣고 뺄 수 있는 세탁기, 아이도 사용하기 편한 기울어진 세면대 등 다양한 제품들이 계속 나오고 있어요. 이런 물건들은 장애인만을 위해서 만든 것이 아니라, 손에 힘이 없거나 키가 작은 사람들, 아이들과 노인들도 편리하게 사용할 수 있도록 만들어졌지요.

유니버설 디자인은 우리가 일상생활에서 쓰는 물건뿐만 아니라 건축이나 서비스 등에도 모두 적용이 돼요. 아이의 눈높이에 맞춘 광고판도 유니버설 디자인이에요. 일본에서는 한 시각 장애인 단체가 버스와 지하철 간판의 높이를 낮추고 글씨 크기와 색깔을 바꾸는 운동을 벌였대요.

시각 장애인에게 간판이 무슨 소용이냐고요? 시각 장애인이라고 해서 모두가 앞을 전혀 볼 수 없는 건 아니에요. 희미하게나마 모양과 색을 구분할 수 있는 사람도 있답니다. 시각 장애인들을 위해 간판을 눈에 잘 띄게 바꾸면 어린이나 노인들도 편리하게 이용할 수 있겠지요.

건축이나 공공시설에 유니버설 디자인을 적용할 때는 여러 가지를 함께 고려해서 서로 연관되도록 설계하고 있어요. 자동문을 설치하거나 넓은 보행선을 확보하며 턱을 없애는 것

특별하지도, 모자라지도 않은

등은 유니버설 디자인의 대표적인 예이지요.

공원도 마찬가지예요. 휠체어 사용자도 가까이에서 꽃을
볼 수 있도록 높게 만든 화단, 장애인용 화장실, 바람과 햇살
과 비를 피할 수 있는 지붕이 있는 휴식 장소, 손잡이가 있는
경사로, 아이들도 물을 먹을 수 있는 높이의 음수대 등이 어
우러져 유니버설 디자인이 되지요.

아, 왜 장애인용 화장실이 유니버설 디자인에 포함되냐고
요? 장애인용 화장실은 장애인만 이용하는 것이 아니라
장애인도 무리 없이 이용할 수 있는 화장실을 뜻하기
때문이죠. 장애인용 화장실을 '장애인 전용'이라고
오해해선 안 되겠어요.

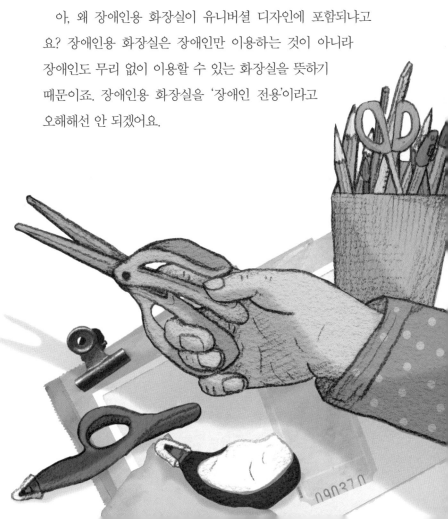

유니버설 디자인을 실생활에 적용하는 건 생각보다 어렵지 않아요. 비용이 특별히 많이 드는 것도 아니지요. 어떻게 하면 서로 다른 특성을 지닌 사람들 모두가 더 편리하고 안전하게 이용할 수 있을지 진지하게 고민하다 보면 해결책을 찾을 수 있어요. 옛말에 "뜻이 있는 곳에 길이 있다."고 했으니까요.

특별하지도, 모자라지도 않은

최초의 시각 장애인 아나운서
이창훈

TV 뉴스 프로그램을 진행하는 아나운서들은 참 멋지죠. 아나운서들 중에 시각 장애인이 있다는 사실, 알고 있었나요? KBS 방송국의 이창훈 아나운서 이야기입니다.

생후 7개월 때 뇌수막염 후유증으로 시각 장애인이 된 이창훈 씨는 대학에서 사회복지를 전공했어요. 시각 장애인들이 사회생활을 할 수 있는 길은 많지 않아서 안마사나 사회복지사가 되는 경우가 많아요. 좀 특별한 경우는 종교인 또는 음악인이 되기도 하고요.

이창훈 씨도 원래는 사회복지사가 될 계획이었어요. 그런데 야구 중계 방송을 들으면서 생각이 달라졌대요. 중계 캐스터가 하는 말에 따라 심장이 벌렁거리기도 하고 손에 땀을 쥐기도 하면서 '말에는 힘이 있구나.' 하는 것을 느꼈대요. 이런 경험을 바탕으로 이창훈 씨는 아나운서의 꿈을 꾸기 시작했어요.

대학을 졸업한 뒤 인터넷 방송을 진행하던 중 방송국에서 장애인 아나운서를 뽑는다는 공고를 보게 됐지요. 이창훈 씨는 자신의 가능성을 시험해 보고 싶어 아나운서 시험에 지원을 했어요. 이창훈 씨에게 아나운서 시험은 긴장되기보다는 재미있는 경험이었어요. 눈이 보이지 않으니 카메라가 하나도 두렵지 않았다고 해요. 장애가 약점이기보다 강점으로 작용한 셈이죠.

이창훈 씨는 무려 523대 1의 경쟁률을 뚫고 아나운서가 되었어요. 기계로 점자를 읽으며 방송을 하는 최초의 시각 장애인 아나운서가 된 거죠. 하지만 결코 쉬운 일은 아니었어요. 3개월여 동안 방송 연수를 받으며 남들보다 몇 배 노력했어요. 보도본부 각 부서에서 취재와 방송 과정을 체험했고, 아나운서실에서는 교육 과정을 밟아 정확한 발음과 전달력을 익혔지요.

이런 교육은 아나운서에 지원한 사람이라면 누구나 거쳐야 하는 과정이지만, 시각 장애가 있는 이창훈 아나운서는 장애가 없는 사람들 속에서 자신만의 방식으로 교육 내용을 익혀야만 했어요.

처음에 시청자들은 '시각 장애인 아나운서'가 방송을 한다는 것에 관심을 기울였어요. 하지만 어느 순간부터는 더 이상 이창훈 아나운서의 장애에 관심을 두지 않고 그의 목소리, 그가 전하는 뉴스에 집중하게 되었지요.

언론에서는 이창훈 아나운서를 "시각 장애를 극복하고 아나운서가 된 장애인"으로 표현하고 있어요. 아나운서가 됐다고 시각 장애를 극복한 것은 아닌데도 말이죠. 여기에 대해서 이창훈 아나운서는 이렇게 말해요.

전 여전히 안 보이고 일상생활의 변화도 없어요. 시각 장애란 결
국 극복할 일이 아닌 거죠.

— 〈틈〉 10호, 한국장애인재단, 2015년 12월

방송국에서도 장애인 차별은 있다고 해요. 장애인 방송인이 거
의 없다 보니 자연스러운 현상일 수도 있겠죠. 이창훈 아나운서
가 처음 방송을 진행할 때 안경을 쓰라는 제안을 받은 적이 있대
요. 시각 장애인은 안경을 써야 한다는 고정관념 탓이겠죠. 하지
만 이장훈 아나운서는 원래 안경을 쓰지 않아요. 안경을 써서 더
잘 보이거나 시선 처리에 도움이 되는 것도 아니고요. 그래서 안
경을 쓰지 않고 뉴스를 진행하기로 했답니다.

남들의 시선을 의식해서 필요하지도 않은 안경을 쓰라고 요구
받는 것은 사소해 보이지만 명백한 장애인 차별에 해당할 수 있
어요. 이창훈 아나운서가 장애인이 아니었다면 그런 요구를 받지
않았을 테니까요. 그런 차별을 겪을 때 자기 소신을 밝히는 이유
는 장애인 스스로의 입장을 꾸준히 드러내야만 차별을 조금이라
도 줄여 나갈 수 있기 때문이지요.

이창훈 아나운서는 최초의 시각 장애인 아나운서라는 이유로
대만 정부에서 주는 시각 장애인상을 받았어요. 장애라는 조건

을 가지고도 자신의 꿈을 펼쳐나가고 있는 이창훈 아나운서의 활동을 해외에서도 주목하고 있는 거죠.

〈KBS 뉴스 12〉로 방송 생활을 시작한 이창훈 아나운서는 KBS TV 프로그램 〈사랑의 가족〉을 통해 장애인들의 다양한 삶을 소개했고, 라디오 프로그램 〈내일은 푸른 하늘〉도 진행했고요. 현재는 프리랜서 아나운서로 다양한 활동을 하고 있는데, 예능 프로그램 진행에도 도전해 보고 싶다네요.

이런 이창훈 아나운서의 행보는 장애를 극복하기 위한 것이 아니라, 자신의 재능과 개성을 발휘하고자 하는 자연스러운 모습이에요. TV 예능 프로그램이나 토크 쇼를 진행하는 이창훈 아나운서의 모습을 하루 빨리 보고 싶네요.

특별하지도, 모자라지도 않은

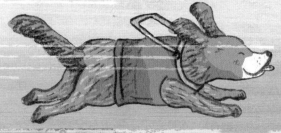

3장

장애인에게
필요한 것은

장애 학생에게
필요한 것

장애 학생들이 일반 학교에 다니면서 교육을 제대로
받기 위해서는 여러 가지 지원이 있어야 해요. 이건 당연한
일이랍니다. 시각 장애 학생에게는 점자로 만들어진 교과서가
필요하며, 칠판을 볼 수 없으니 녹음 자료나 속기 자료도 필요하죠.
청각 장애 학생에게는 수화 통역, 발달 장애 학생에게는 이해를 돕는
보조 교재 혹은 상세한 설명이 있어야 해요.

장애인도 비장애인들처럼 학교에 다녀요. 학교에서 공부도 하고, 친구들과 어울려 놀기도 하지요. 만약 장애인이라는 이유로 학교에 다니지 못한다면 어떨까요?

불과 20년 전만 해도 장애인 가운데 아주 적은 수만 학교에 다닐 수 있었어요. 그러다 보니 장애인들은 하루 종일 집에서 지내거나 가족과 떨어져 장애인 복지 시설에서 살아야 했지요.

제 주변에는 스무 살이 넘도록 자기가 사는 동네를 벗어난 적 없고, 초등학교 문턱도 밟아 보지 못한 장애인들이 꽤 있어요. 최근에는 상황이 많이 달라졌지만 장애인은 비장애인에 비해 교육을 받은 사람의 비율이 매우 낮아서 중학교 이하 학력이 절반을 차지할 정도예요. 고등학교를 졸업한 사람이 절반을 넘는 비장애인과 비교할 때 평균 학력이 매우 낮다고 할 수 있어요.

장애인들 중 여성은 더욱더 교육을 받지 못했어요. 2011년에 조사를 해 봤더니 장애 여성 가운데 60퍼센트가 초등학교까지밖에 다니지 않았거나, 아예 학교를 다니지 못했대요. 학교를 전혀 다니지 못한 사람도 22.1퍼센트나 돼요. 학교를 다니지 못한 장애 남성의 비율보다 5배 정도가 높아요. 장애 여성 10명 중에 2명 이상이 학교에 다닌 적이 없다는 뜻이니 장

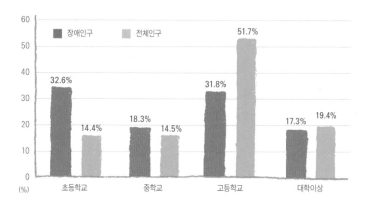

장애인 학력 구성　　　　출처: 2015 장애인 통계(한국장애인고용공단 고용개발원)

애 여성이 얼마나 차별받고 있는지 알 수 있어요.

　장애인들은 어떤 학교에 다닐까요? 일반 학교에 다니는 장애 학생도 있고, 특수 학교에 다니는 장애 학생도 있어요. 비장애 학생들이 다니는 일반 학교에 장애 학생을 위한 특수 학급이 따로 있는 경우도 있어요. 일반 학급에서 비장애 학생들과 함께 공부하다 특수 학급에서 따로 교육을 받는 식이지요.

　2014년 조사한 자료에 따르면, 일반 고등학교에 다니는 장애 학생이 40퍼센트 정도 되고, 일반 고등학교 내 특수 학급에 다니는 학생은 1.2퍼센트, 특수 학교 고등부에 다니는 학생이 2.1퍼센트로 나타났어요. 그리고 고등학교에 다니지 않는

특별하지도, 모자라지도 않은

남녀 장애인의 학력 차 출처: 2011년 장애인 실태 조사(보건복지부)

구분	장애인		
	여성	남성	전체
무학	22.1	4.4	11.8
초등학교	40.2	27.5	32.9
중학교	15.1	20.6	18.3
고등학교	16.6	31.0	25.0
대학 이상	5.9	16.5	12.0
계	100.0	100.0	100.0

학생도 55.9퍼센트나 된대요. 아직도 장애 학생들은 교육을 받기가 어려운 환경임을 알 수 있지요. 그런데 요즘에는 일반 학교에 다니는 장애 학생들이 점차 늘어나고 있어요. 어릴 적부터 비장애 학생들과 어울릴 수 있는 환경이 중요하다는 생각 때문이지요.

특수 학교는 장애 학생을 위한 학교를 가리켜요. 예전에는 일반 학교에서 장애 학생을 받아들일 준비가 되어 있지 않고 장애 학생들을 따로 교육할 수밖에 없는 환경이었기 때문에 만들어진 학교지요.

발달 장애인이라 불리는 지적 장애, 자폐 장애 학생들은 대부분 특수 학교에 다녔고 시각 장애 학생은 맹학교, 청각 장애 학생은 농학교에 다닐 수밖에 없었어요. 하지만 장애 학생들이 원하는 교육을 받을 수 있는 특수 학교는 대도시에만 집중되어 있어서 지방에 살고 있는 장애 학생들은 교육을 받기 어려운 형편이에요.

장애 학생들이 다닐 수 있는 학교가 많아지는 것도 중요한데, 그보다 중요한 건 제대로 교육을 받을 수 있게 하는 거예요. 호호 아줌마가 앞에서 "장애인들은 도움을 받을 권리가 있다."고 얘기한 것 기억해요?

장애 학생들이 일반 학교에 다니면서 교육을 제대로 받기 위해서는 여러 가지 지원이 있어야 해요. 이건 당연한 일이랍니다. 시각 장애 학생에게는 점자로 만들어진 교과서가 필요하며, 칠판을 볼 수 없으니 녹음 자료나 속기 자료도 필요하죠. 청각 장애 학생에게는 수화 통역, 발달 장애 학생에게는 이해를 돕는 보조 교재 혹은 상세한 설명이 있어야 해요.

그러나 아직까지는 장애 학생들 대부분이 이런 지원을 받기 힘들어요. 장애가 없는 학생들의 경우 학기 초에 당연히 받을 수 있는 교과서조차 시각 장애 학생들은 쉽게 받지 못하고 있어요. 국정 교과서를 주로 쓰는 초등학교는 조금 낫지만 중·고등학교는 여전히 1980년대 수준이지요. 언론보도(《한겨레21》 2015년 7월 9일자)에 따르면, 검정 교과서의 점자책 납본

특별하지도, 모자라지도 않은

율은 30퍼센트 정도밖에 되지 않는다고 해요. 10명 중 3명만 점자 교과서를 받아볼 수 있다고 하니 시각 장애 학생들이 점자 교과서를 갖기가 얼마나 힘든지 짐작할 수 있지요.

학교에서 교과서 없이 공부하는 걸 상상해 본 적이 있나요? 교과서는 당연히 주어지는 것이기에 그런 상상은 해 보지 않았을 거예요. 만약 교과서가 없다면 얼마나 불편하겠어요? 수업을 따라가기가 무척 어려울 거예요. 이해되지 않는 상태로 답답하게 수업을 받다 보면 공부에 점차 흥미를 잃기 쉽겠죠. 그러니 장애 학생들도 당연히 교과서를 받아 볼 수 있어야 해요.

청각 장애 학생들은 어떨까요? 일반 학교에 다니든 특수 학교에 다니든 수화 통역이 이루어져야 제대로 공부를 할 수가 있어요. 하지만 현재는 수화 통역을 충분히 받고 있지 못해요. 특수 학교 선생님 중에서 수화 통역을 할 수 있는 사람이 5퍼센트도 되지 않는대요. 2010년에 교육과학기술부에서 발표한 자료에 따르면, 청각 장애인을 가르치는 특수 학교 선생님 548명 가운데 수화 통역사 자격증이 있는 선생님은 21명으로 3.8퍼센트에 불과해요. 교사 100명 중 5명도 수화 통역을 할 줄 모르는 상태에서 어떻게 수업이 제대로 이루어질 수 있겠어요? 그래도 2015년 12월 수화 언어법이 제정되었으니 청각 장애 학생들에게도 길이 조금씩 열리고 있어요.

지체 장애 학생이 학교생활을 제대로 하기 위해서는 여러 가지 시설이 갖추어져 있어야 하지요. 휠체어를 탄 지체 장애 학생이라면 계단을 오르내리지 못하므로 경사로나 엘리베이터가 필요해요. 뿐만 아니라 화장실도 매우 중요하지요.

화장실과 학교생활이 무슨 관련이 있냐고요? 휠체어를 사용하는 장애 학생이 들어갈 수 있으려면 화장실에 턱이 없고 널찍해야 해요.

막상 화장실에 들어가서도 혼자서 용변을 보고 뒤처리를 하기 어려운 정도로 장애가 심한 학생이라면 도와줄 사람이 필요해요. 예전에는 대부분 장애 학생의 엄마들이 그 일을 했어요. 엄마가 장애 아이를 데리고 학교에 등교해서 하루 종일 지켜보며 화장실에도 데려가고 수시로 손발이 되어 주어야 했지요. 그러니 직장 생활을 해야 하는 엄마들은 아이의 학교생활을 포기할 수밖에 없었지요. 보통 사람들에게는 아무 일도 아닌 화장실 문제 때문에 교육을 포기하는 사람들이 있다니 놀랍죠?

요즘에는 다행히 특수 교육 보조원이 있어 장애가 심한 학생이 화장실 갈 때 도와주고 있어요. 일반 학교의 특수 학급이든 특수 학교든, 교육을 담당하는 특수 교사를 보조하는 일을 하는 사람을 가리켜 '특수 교육 보조원'이라고 해요. 장애 학생이 용변 볼 때 도와주는 일도 특수 교육 보조원이 하는 일 중 하나지요.

그런데 특수 교육 보조원 중 남자가 그리 많지 않은 것이 문제랍니다. 그러다 보니 사회 복무 요원이 학교에 파견돼 장애 학생을 지원하는 일을 하는 경우도 종종 있어요. 사회 복무 요원은 군대에 가는 대신 사회 복지 시설이나 국가기관, 지방자치단체, 공공기업체에서 일하며 군대 생활을 대신 하는 사람들을 말해요.

2015년 있었던 일인데요. 경상북도에 있는 중학교에 다니는 지체 장애 학생의 안타까운 사연이 신문에 난 적이 있어요. 화장실에 가기 위해 주변의 도움이 필요한 남학생이었는데 학교 특수 교사와 특수 교육 보조원 모두 여자라서 도움을 받기가 곤란했던 거예요. 한창 예민할 사춘기니 오죽하겠어요. 이 문제를 해결하기 위해 학교에 배치된 사회 복무 요원이 그 일을 거부하면서 문제가 불거졌어요.

그런데 병무청에서는 조사를 통해 화장실에서 뒤처리를 돕는 일이 혐오스러운 업무이기 때문에 사회 복무 요원의 업무에 해당하지 않는다는 결론을 내렸어요. 도움을 받을 수 없게 된 장애 학생은 남자 특수 교육 보조원이 배치될 때까지 속절

없이 기다려야 하는 상황에 처하게 된 거죠. 급한 대로 엄마가 학교에 나오시거나 만약 그럴 형편이 못 된다면 친구들의 도움을 받을 수밖에 없겠지요. 자신이 주변 사람들에게 피해를 준다는 생각 때문에 장애 학생의 마음이 얼마나 불편하겠어요?

비장애인들에게는 너무나 일상적인 화장실 가는 일이 장애 학생들에겐 얼마나 중요하고 큰일인지 와닿나요? 그렇다고 장애 학생들을 가엾게 여길 필요는 없어요. 장애 학생들이 비장애 친구들과 마찬가지로 학교생활을 할 수 있도록 환경을 바꾸어 나가는 데 뜻을 같이 해 주고 힘이 되어 주면 돼요.

자기를 응원해 주는 마음을 느끼면 장애 학생들도 지금 닥친 어려움을 헤쳐 나갈 용기를 얻게 될 테니까요.

특별하지도, 모자라지도 않은

휠체어는 장애인의
몸과 같다

몇 년 전 미국의 장애인 운동가 글렌 화이트가
한국을 방문했을 때 이 문제에 대해 이렇게 분명하게
얘기한 적이 있어요.
"내 몸에 손대지 말라."
그러니 휠체어를 타고 있는 장애인을 만나면, 휠체어도 몸의 일부처럼
소중하게 여겨 주세요.

몸에 장애가 있는 장애인들은 다치거나 불편한 신체 부위를 대신하는 기구를 사용해요. 장애인의 활동을 도와주는 이런 기구들을 '보장구'라고 하지요.

저는 목발과 다리 보조기를 사용해요. 목발과 보조기 말고도 의족이나 의수, 휠체어도 보장구에 속해요. 청각 장애인이 사용하는 보청기, 시각 장애인의 흰 지팡이도 보장구지요. 시각 장애인은 노인이나 지체 장애인들이 쓰는 지팡이와 구분되게 하얀색 지팡이를 가지고 다녀요. 흰 지팡이를 사용하는 것은 우리나라만이 아니에요. 다른 나라에서도 법으로 정해져 있지요. 운전을 하다가도 시각 장애인이 흰색 지팡이를 가지고 걷고 있는 걸 보면 잠깐 멈추거나 천천히 움직여야 해요.

장애인들에게 보장구는 몸의 일부나 마찬가지예요. 보장구가 없이는 대화를 나누거나 산책을 하거나 학교 혹은 회사에 가는 일 같은 일생생활을 전혀 할 수 없으니 소중할 수밖에요. 그러나 장애인의 삶에 대해 잘 모르는 사람들은 장애인의 보장구를 함부로 다루거나 호기심의 대상으로만 여기기도 해요.

호호 아줌마는 목발 없이 한 발자국도 걷기 어렵기 때문에 한순간도 목발과 제 몸을 떼어 놓고 생각한 적이 없어요. 그런데 가끔 식당에 가거나 회의 혹은 공식적인 만남을 위해 탁자에 앉게 될 때 당황스러운 경험을 하죠. 친절한 식당 직원이나 주최 측에서 "목발이 거추장스럽지 않도록 다른 곳에 보관해 주겠다."고 하기 때문이에요. 필요할 때 언제든 가져다 드리겠다는 말도 꼭 덧붙이면서요. 정작 저는 목발이 조금도 거추장스럽지 않은데 말이죠. 심지어 목발이 손에 닿는 위치에 없으면 매우 불안하거든요. 언제든 사용할 수 있으려면 반드시 제 옆에 있어야 하니까요.

만일 그 사람들의 제안대로 제 손이 닿지 않는 곳에 목발을 보관한다면 어떤 일이 벌어질까요? 일정을 다 마칠 때까지 자리를 뜰 일이 한 번도 없다면 다행이겠지요. 하지만 어쩔 수 없이 자리를 옮겨야 할 때도 있고 화장실에 가야 할 수도 있어요. 특히 화장실에 가게 되면 저는 남들처럼 조용히 다녀올 수가 없게 되죠. 제 목발을 가져다 달라고 부탁을 하면 모두에게 화장실에 다녀온다고 알리는 것이나 마찬가지겠죠. 누구든 화장실은 조용히 다녀오는 것이 예의인데, 저라고 굳이 대놓고 밝히고 싶을까요? 장애인인 저에게도 저만의 사생활이 있는데 말이죠.

전동 휠체어를 타는 장애인들의 얘기를 들어 보면 저보다 더 난감할 때가 많대요. 지하철을 타면 양해를 구하지도 않고 몸을 기대거나 물건을 올려놓는 사람도 있대요. 제 몸처럼 생각하는 휠체어에 느닷없이 손이나 물건을 갖다 대면 얼마나 놀라고 당황스럽겠어요. 그래서 참다못해 함부로 만지지 말라고 말하면 도리어 왜 그렇게 까다롭게 구느냐 그런대요. 휠체어를 한낱 기계로만 여길 뿐 장애인들이 휠체어를 어떻게 생각하는지 알지 못하기 때문이죠.

몇 년 전 미국의 장애인 운동가 글렌 화이트가 한국을 방문했을 때 이 문제에 대해 이렇게 분명하게 얘기한 적이 있어요.

"내 몸에 손대지 말라."

그러니 휠체어를 타고 있는 장애인을 만나면, 휠체어도 몸의 일부처럼 소중하게 여겨 주세요.

휠체어를 의수나 의족처럼 생각하면 더 이해하기 쉬울 거예요. 병을 앓거나 사고를 당해 손이나 다리가 잘린 경우 손이나 다리의 모양을 본떠 사용하는 것이 의수와 의족이에요. 원래의 손과 다리처럼 움직일 수는 없지만 의수와 의족을 사용하면 숟가락과 연필을 사용하거나 어느 정도 걸을 수 있어요.

의족을 사용하는 사람 중에 에이미 멀린스라는 미국 모델이 있어요. 에이미 멀린스는 장애인 육상 선수이기도 해요. 태어날 때부터 종아리뼈가 없어서 한 살 때 무릎 아래를 절단해야 했지요. 의사는 어린 에이미에게 "이 아이는 걷지 못할 거고, 운동도 못 할 거고, 다른 사람의 도움 없이는 살지 못할 겁니다."라고 했대요.

하지만 에이미는 운동선수가 되겠다는 꿈을 포기하지 않았어요. 워싱턴에 있는 조지타운 대학교를 다닐 때 미국 대학 경기 협회NCAA의 육상 경기에 참가했지요. 에이미는 NCAA의 경기를 뛴 최초의 장애인으로 기억되고 있어요. 1996년에는 애틀랜타 장애인 올림픽에서는 미국 국가대표로 출전해 100미터와 200미터 단거리 육상 경기에서 세계 신기록을 세웠어요. 당시 멀리뛰기에서 에이미 멀린스가 세운 절단 장애인 세계 신기록은 지금까지 여전히 깨지지 않았지요.

이런 기록만큼 놀라운 건 에이미가 의족을 10벌 이상 갖고 있다는 사실이에요. 두 다리가 없어도 도전을 멈추지 않는 에이미를 보고 전 세계에서 의족을 만드는 장인들이 여러 개 선물한 덕분이지요. 그래서 트랙을 달릴 때는 탄소 소재로 만든 의족을 신고, 패션쇼 무대를 걸을 때는 나무 의족을 신는대요. 정말 부러워요. 의족을 사용하는 사람들이 모두 에이미 멀린스 같이 의족을 여러 개 가질 수는 없으니까요.

의족을 사용하는 우리나라 대부분의 장애인은 몸에 꼭 맞는 편리한 의족을 갖기가 쉽지 않죠. 가격도 비싸고 기술도 충분히 발달하지 못하기 때문이에요.

에이미 멀린스같이 대단한 성취를 이룬 사람에게 박수를 보낼 때 그런 성취가 있기까지 국가와 사회가 어떤 지원을 해 주었는지에 관심을 가질 필요가 있어요. 장애인이 특별한 성취를 하기 위해는 주변의 지원이 반드시 필요하니까요.

우리나라에서 의족을 어떻게 생각하는지 잘 보여 주는 사건이 있었어요. 2009년, 아파트 경비원으로 일하던 장애인이 어린이 놀이터에서 눈을 치우다 미끄러져 하반신을 크게 다치는 사고를 당했어요. 경비원은 오른쪽 다리에 의족을 달고 있었는데, 이 사고로 15년 동안 다리처럼 사용해 온 의족도 망가졌지요. 그는 이 사고를 산업 재해로 인정해 달라고 신청을 했대요.

하지만 근로복지공단에서는 왼쪽 다리를 다친 것만 업무상 재해로 인정하고, 오른쪽 다리 역할을 해 온 의족이 망가진 것은 인정하지 않았어요. 의족은 몸이 아니니 부상을 입은 것으로 볼 수 없다는 것이었지요.

결국 경비원은 이 문제로 소송을 하게 되었고, 2015년 대법원에서 의족이 망가진 것도 산업 재해로 인정하고 보상을 하라는 판결을 받았어요. "의족은 단순히 신체를 보조하는 기구가 아니라 신체의 일부인 다리를 기능적·물리적·실질적으로 대체하는 장치"라고 인정했기 때문이에요.

일하다 다친 것도 힘든데 제대로 인정받지 못해 경비원은 얼마나 마음고생을 했을까요? 이 판결은 한 사람이 보상을 받느냐 받지 못하느냐를 넘어서 더 큰 의미를 담고 있어요. 의수나 의족이 몸의 일부라는 것을 비로소 법으로도 인정받은 것이니까요. 이렇게 인정받기까지 5년 이상의 시간이 걸렸답니다.

장애인들이 당연하게 여기는 상식을 모두에게 인정받는 일은 쉬운 일이 아니에요. 상식의 범위를 넓혀 가는 과정에는 반드시 장애인들의 노력과 희생이 있기 마련이지요.

세상을 바꾸는 일이 결코 쉬운 일이 아니지만, 꼭 필요한 일이기도 하고 보람 있는 일이기도 해요.

안내견은
시각 장애인의 파트너

시각 장애인에게 안내견은 단순히 길을 안내하는
역할만 하는 것이 아니라 친구 같은 매우 중요한 존재예요. 혹시
길에서 안내견을 본 적이 있나요? 혹시 귀엽다거나 대견하다며
쓰다듬어 주지는 않았나요? 보통 안내견 손잡이에 만지지 말라는
경고문이 붙어 있어요. 그런데도 함부로 만지거나 심지어는 볼펜
등으로 찌르는 사람들이 있어요. 그것은 안내견의 집중력을 떨어뜨려
시각 장애인의 안전을 위협하는 일이니 절대 하지 말아야 해요.

시각 장애인은 꿈을 꿀까요, 안 꿀까요?

그건 태어날 때부터 시각 장애인이었는지, 아니면 뒤늦게 시각 장애인이 되었는지에 따라 달라요. 앞을 본 적이 있는지 없는지에 따라 다르다는 뜻이지요.

선천적 시각 장애인은 눈으로 사물을 본 적이 없지요. 그러니 여러분과 같은 방식으로 꿈을 꿀 수가 없어요. 그래도 꿈을 꾸긴 해요. 다만 눈에 보이는 방식이 아니라 촉각, 소리, 느낌으로 꾼대요. 그러니까 소리와 냄새로 이루어진 꿈을 꾸는 거지요. 후천적인 시각 장애인은 여러분들과 똑같은 방식으로 꿈을 꾸겠지요.

영화는 어떻게 볼까요? 시각 장애인들은 눈으로 영상을 볼 수 없으니 소리로 영화를 본답니다. 영화 대사와 음향만으로는 충분히 영화를 감상할 수 없으니 시각 장애인을 위한 해설이 필요해요. 영화에서는 아무 소리도 나지 않는 장면이 이어지기도 하니까요. 예를 들면 "지금 한 여자가 침대 위에서 잠을 자고 있어요. 꿈을 꾸고 있네요. 꿈속에서 멋진 왕자님을 만나요." 하는 식으로 영화 장면을 음성으로 설명해 주는 거예요. 어떤 상황이 벌어지는지 떠올릴 수 있도록 하는 거죠. 시각 장애인 중에는 이렇게 영화를 즐기는 분들이 꽤 많아요.

얼마 전 제 아들 찬이가 화장실에서 오줌을 누다가 불현듯 물었어요.

"엄마, 시각 장애인들은 어떻게 오줌을 눠요?"

"어떻게라니? 너하고 똑같이 누겠지."

"그게 아니고요. 보이지 않는데 어떻게 흘리지 않고 잘 눌 수 있냐고요."

"시각 장애인들은 소리로 구분할 거야. 오줌이 떨어지는 위치에 따라 소리가 다를 테니."

질문에 답해 주면서 저는 혼자 미소를 지었어요. 찬이는 호기심이 많은 편이에요. 장애가 있는 엄마, 인권 운동을 하는 엄마 덕분에 무수히 많은 장애인을 만나면서 성장하고 있으니 궁금한 게 더 많은가 봐요. 어릴 적부터 장애인의 삶에 대해 관심을 많이 갖고 있으니 그만큼 생각의 폭도 넓어지겠구나 싶어 내심 흐뭇하지요.

시각 장애인의 생활에 대한 이야기를 좀 더 해 볼까요? 시각 장애인들은 안내견과 함께 다니기도 해요. 안내견은 시각 장애인의 안전한 이동을 돕도록 훈련된 개를 말해요.

안내견이 되기 위해서는 퍼피워킹(사람과 함께 살아가는 적응 훈련 과정) 1년, 본격 훈련 6~8개월 등 약 2년의 훈련 기간을 거쳐야 한대요. 10마리가 훈련하면 3마리 정도만 합격할 만큼

특별하지도, 모자라지도 않은

어려운 과정이죠. 시각 장애인을 안전하게 보호하는 게 쉬운 일은 아니니까요.

또한 안내견은 사회 속에서 사람들과 함께 생활해야 하기 때문에 아무리 강압적으로 훈련을 시키더라도 스스로 원하지 않으면 활동을 할 수 없대요. 사람과 함께 다니는 것을 행복하게 생각하는 기질과 능력을 타고났는지가 무엇보다 중요하다는 거죠. 이런 타고난 기질을 발전시키는 것이 안내견 훈련의 목적이라고 하네요.

훈련을 통과한 안내견들은 시각 장애인 파트너를 만나 함께 생활합니다. '시각 장애인 안내견' 표지가 있는 형광색 조끼를 입고 '시각 장애인 안내견' 표지가 부착된 하네스라는 손잡이를 착용하고 다녀요. 이 표지를 달고 있으면 버스나 지하철 같은 대중교통을 이용할 수 있고 식당, 극장 등 공공장소에도 드나들 수 있어요.

가끔 이런 사실을 잘 모르는 분이 계셔서 안내견과 함께 있는 장애인을 버스에 태우지 않거나 공공장소에 들여보내지 않는 일도 일어나지요. 하지만 장애인 안내견 표지가 있는데도 아무 이유 없이 출입을 막는 사람은 300만원 이하의 과태료를 물도록 법으로 정해져 있어요.

고정욱 작가가 쓴 동화 《안내견 탄실이》에는 시각 장애인 안내견이 나와요. 화가의 꿈을 키워 가던 예나가 어느 날 시력을 잃고 절망하다 안내견 탄실이를 만나 새로운 희망을 찾는 이야기예요. 연극으로도 공연되어 많은 친구들에게 감동을 준 작품이지요.

이렇듯 시각 장애인에게 안내견은 단순히 길을 안내하는 역할만 하는 것이 아니라 친구 같은 매우 중요한 존재예요. 혹시 길에서 안내견을 본 적이 있나요? 혹시 귀엽다거나 대견하다며 쓰다듬어 주지는 않았나요?

보통 안내견 손잡이에 만지지 말라는 경고문이 붙어 있어요. 그런데도 함부로 만지거나 심지어는 볼펜 등으로 찌르는 사람들이 있어요. 그것은 안내견의 집중력을 떨어뜨려 시각 장애인의 안전을 위협하는 일이니 절대 하지 말아야 해요.

신기하다며 사진을 찍는 것도 삼가는 게 좋아요. 소리를 질러 안내견을 부르거나 경적을 울리지 말아야 해요. 안내견에게 함부로 음식을 주는 것은 더욱 좋지 않아요. 시각 장애인의 안전한 보행을 위해서는 안내견의 건강이 매우 중요하기 때문에 안내견은 정해진 사료만 먹어요. 검증되지 않은 음식을 먹었다가 탈이 날 수도 있으니까요.

한 번은 지하철에서 어떤 사람이 안내견에게 빵을 주었대

특별하지도, 모자라지도 않은

사진 제공: 삼성화재 안내견 학교

요. 안내견이 그걸 받아 먹었는데, 빵 속에 든 쨈이 뜨거웠나 봐요. 놀란 안내견은 빵을 토해 냈지요. 그뿐만이 아니에요. 이 안내견은 그 일로 많이 놀랐는지 그 이후로는 지하철 타는 것을 거부했대요. 한 사람의 잘못된 호기심 때문에 시각 장애인 파트너는 더 이상 안내견과 함께 지하철을 탈 수 없게 되었죠.

안내견들은 시각 장애인 파트너를 안전하게 보호해야 하기 때문에 다른 반려견들과는 다르게 대해야 해요. 안내견들이 임무를 잘 수행할 수 있도록 배려하고 보살펴야 하는데 안타깝게도 그렇지 못한 경우가 많아요.

2015년 여름에 일본에서 있었던 일을 소개할게요. 안내견 오스카는 시각 장애인 파트너와 함께 출근을 하던 중 누군가에게 흉기로 찔렸대요. 보통의 개라면 크게 소리를 질렀겠지만 안내견들은 고통스러운 상황에서도 잘 짖지 않는 견종이라 묵묵히 길을 걸었대요. 앞이 보이지 않는 오스카의 파트너는 직장에 도착해서야 동료의 말을 듣고 오스카가 다쳤다는 사실을 알게 되었죠. 오스카의 몸에는 지름 5밀리미터 크기의 상처가 네 개나 있었대요. 가해자가 날카로운 흉기로 수차례 강하게 찌른 거죠.

도대체 누가 왜 안내견에게 그런 잔인한 짓을 저질렀을까요? 안내견의 주인을 해치기 위한 것이었을 수도 있고, 안내견에 대한 단순한 호기심 때문일 수도 있을 것 같아요. 일본에는 이 사건뿐 아니라 안내견을 담뱃불로 지지거나 발로 걷어차는 행위, 얼굴에 낙서하는 행위 등 학대 사례가 많다고 해요. 안타까운 일이지요. 우리나라에는 안내견이 많지 않지만, 상황이 크게 다르지는 않을 듯해요

일본은 안내견 제도가 1957년부터 시작되어 현재 1,000마리가 넘는 반면, 우리나라는 1993년부터 시작되어 60마리 정도가 있을 뿐이에요. 아직 많이 부족한 형편이지요.

특별하지도, 모자라지도 않은

우리나라에서 앞으로 안내견이 제대로 받아들여지려면 사람들의 관심과 생각이 중요해요. 안내견을 괴롭히거나 해치는 행동은 안내견의 보호를 받는 시각 장애인을 괴롭히거나 해치는 일과 같다는 걸 꼭 기억해 주세요.

수화도 국어와
동등한 언어

제가 아는 청각 장애인이 겪은 일이에요. 2011년
7월에 장마가 나서 서울 우면산이 무너진 일이 있었어요. 그때 그
분은 우면산 아래 주공아파트에 살고 있었는데 아침에 벌어진 산사태
소식을 그날 저녁이 돼서야 알았대요. 아침 9시부터 저녁 5시까지
인터넷, 전기, 휴대전화, 텔레비전 등 모든 것이 끊겼으니 소식을 접할
길이 없었던 거지요.

2015년 12월 31일 '한국수화언어법'이라는 법률이 만들어 졌어요. 27만 명이나 되는 우리나라 청각 장애인들이 바라던 법률이지요. 무슨 법이기에 그리 바랐냐고요? 청각 장애인들 이 사용하는 수화를 국어와 동등한 언어로 인정하고 지원하 는 법이랍니다.

그동안 청각 장애인은 수화를 사용한다는 이유로 사람들 과 언어로 소통할 수 있는 기회가 제한되어 있었어요. 주변에 수화를 할 줄 아는 사람들이 없으니 청각 장애인들끼리만 대 화할 수 있었죠. 학교와 병원, 관공서에서 제대로 의사 표현을 하지 못하니 얼마나 답답했겠어요.

그런데 '한국수화언어법'이 생겨 청각 장애인들이 의사소통 을 할 수 있는 길이 열리게 된 거예요. 학교에서는 물론이고 각종 공공기관에서 수화 통역을 받을 수 있게 되었거든요.

수화란 청각 장애로 인해 들리지 않고 음성 언어로 말을 하 지 못하는 사람들이 의사 표현을 하는 방법이에요. 손짓을 중 심으로 눈에 보이는 행동을 통해 의사를 주고받지요. 수화는 "손으로 하는 말"이기 때문에 표정도 아주 다양해요. 음성 언 어로 말할 때보다 훨씬 적극적이고 표현력이 풍부하게 보이는 것은 이 때문이지요.

수화는 몇몇 사람들끼리 통하는 방식으로 사용됐는데 1620년 프랑스의 드레페가 프랑스의 국어 어법에 맞춰 수화법을 만들었다고 해요. 그 뒤 나라마다 자기 나라에 맞는 수화법을 개발하여 청각 장애인들의 언어로 사용하고 있지요.

혹시 수화하는 사람을 본 적 있나요? 텔레비전을 보면 간혹 화면 아래쪽 작은 동그라미 안에 수화 통역사가 나오기도 해요. 올림픽과 같은 국제 행사나 대국민 담화와 같은 특별한 경우에 수화 통역이 등장하죠. 만일 수화 통역이 없다면 청각 장애인들은 내용을 정확히 파악할 수 없으니 텔레비전을 제대로 시청한다고 할 수 없어요. 적어도 공영방송의 경우에는 청각 장애인이 모든 프로그램을 제대로 볼 수 있도록 수화 통역을 해 주어야 해요. 수화가 공식 언어로 인정되었으니 청각 장애인들도 텔레비전을 마음껏 볼 수 있는 날이 곧 오겠지요.

청각 장애인들은 어떻게 통화를 할까요? 요즘에는 스마트폰이 널리 보급되어 영상 통화를 쉽게 할 수 있는데요, 청각 장애인들은 바로 그 영상 통화를 활용한답니다. 영상 통화가 널리 보급되기 전에는 통화하기가 무척 힘들었지요.

그런데 영상 통화로 나누는 대화 역시 완벽하게 의사소통을 하기에는 아직 부족한 점이 있어요. 통화료가 비싸서 부담도 되고요. 수화를 사용하는 사람들 사이의 통화가 아니라 비

장애인과 통화하기는 여전히 쉽지 않아요. 앞으로 청각 장애
인들이 비장애인들과 원활하게 통화할 수 있는 통신 서비스
가 개발되면 좋겠어요. 그렇게 된다면 청각 장애인뿐 아니라
청력이 나빠진 노인들도 편리하게 사용할 수 있겠지요.

소리를 듣지 못하면 사람들과 의사소통을 하기 힘들 뿐 아
니라 일상생활에서 위험을 겪는 일도 많아져요. 청각 장애인
은 등 뒤에서 자동차 경적이 울려도 듣지 못해 사고를 당하는
일이 자주 벌어진다고 해요.

제가 아는 청각 장애인이 겪은 일이에요. 2011년 7월에 장마가 나서 서울 우면산이 무너진 일이 있었어요. 그때 그 분은 우면산 아래 주공아파트에 살고 있었는데 아침에 벌어진 산사태 소식을 그날 저녁이 돼서야 알았대요. 아침 9시부터 저녁 5시까지 인터넷, 전기, 휴대전화, 텔레비전 등 모든 것이 끊겼으니 소식을 접할 길이 없었던 거지요. 듣지도 말하지도 못하기 때문에 지금 무슨 일이 일어나고 있는지, 어떻게 하면 안전하게 대처할 수 있는지에 대해 아무것도 알 수 없었죠. 얼마나 불안했겠어요? 창밖 너머로 폭우가 쏟아지고 길이 '흙바다'처럼 흘러가는 것을 그저 지켜볼 수밖에 없었대요. 다행히 별일은 없었지만 생각만 해도 막막하고 아찔한 일이지요.

다른 청각 장애인은 한밤중에 몸이 너무 아파서 119를 불러야만 하는 위급한 상황이 되었는데 가족 모두가 청각 장애인이라 전화를 할 수 없었지요. 다행히 여름이라 앞집 사람이 현관문을 열고 자고 있어서 이웃의 도움으로 신고할 수 있었대요. 그런데 어렵게 병원에 실려 가서도 답답한 상황은 계속됐어요. 병원에 수화를 할 줄 아는 사람이 없었던 거죠. 아픈 상황에서도 종이에 글씨를 써 가며 겨우 설명을 해야 했으니 환자 입장에서는 답답한 일이지요. 이제 '한국수화언어법'이 생겼으니 앞으로는 청각 장애인들이 병원에서 수화 통역을 받

특별하지도, 모자라지도 않은

으며 진료를 받을 수 있겠지요.

이웃 나라인 일본은 우리보다 형편이 조금 나은가 봐요. 일본에서 인기가 있었던 〈너의 손이 속삭이고 있어〉(1997~2001)라는 드라마가 있어요.

이 드라마에는 태어날 때부터 청각 장애를 갖고 있는 주인공이 산부인과에 가는 장면이 나와요. 처음 검사를 받을 때 주인공은 의사의 말을 알아듣지 못해 당황하지요. 의사도 당황하다가 글씨를 써서 아주 간단한 의사소통만 해요. 그런데 두 번째 검사받을 때 의사는 임신을 해서 불안해하는 청각 장애 여성을 위해 수화를 한두 마디씩 해 보여요. 꼭 필요한 단어 두세 개를 수화로 얘기하고 다시 글씨로 써서 주인공에게 보여 주죠. 산모들이 모여 체조를 할 때도 수화 통역사를 부르고요. 환자의 특성을 이해하고 소통하려고 노력하며 환자를 안심시켜 주지요.

일본이라고 해서 모든 병원이 드라마와 같지는 않겠지요. 모든 의사들이 수화를 배우거나 개인 비용을 들여 수화 통역사를 부르는 걸 기대할 수는 없지요. 학교나 병원 같은 공공기관에서라도 청각 장애인들이 자유롭게 의사소통을 할 수 있었으면 좋겠어요. 그건 인간의 기본 권리이니까요.

차별을 원하는
사람은 없다

사람들은 대체로 '나는 누구도 차별하지 않으며 모두를
공평하게 대하고 있다.'고 생각해요. 차별은 나와 아무 관련이 없다고
여기기 쉽죠. 하지만 나와는 다른 종교를 가진 사람, 나보다 나이가
어리거나 많은 사람, 혹은 장애인이나 외국인 등을 아무 편견 없이
대하기는 쉽지 않아요.
특히 장애인에게 조금의 편견도 갖지 않기란 참 어려워요.
대부분의 사람들은 자신의 의지와는 상관없이 아주 어릴 적부터
장애인에 대한 편견 속에서 자라기 때문이죠.

엄마가 맛있는 과자를 사 왔는데 동생에게는 두 개 주고 나에게는 한 개만 줘요. 이럴 때 당연히 화가 나죠. 엄마가 차별한다고 생각하니까요. 차별받기를 원하는 사람은 아무도 없어요. 그런데 우리 사회에는 차별받는 사람들이 많아요. 종교, 장애, 나이, 학력, 성별, 성적 취향, 인종, 생김새, 국적, 출신, 사상 등 다양한 이유로 차별을 받고 있지요.

사람들은 대체로 '나는 누구도 차별하지 않으며 모두를 공평하게 대하고 있다.'고 생각해요. 차별은 나와 아무 관련이 없다고 여기기 쉽죠. 하지만 나와 다른 종교를 가진 사람, 나보다 나이가 어리거나 많은 사람, 혹은 장애인이나 외국인 등을 아무 편견 없이 대하기는 쉽지 않아요.

특히 장애인에게 조금의 편견도 갖지 않기란 참 어려워요. 대부분의 사람들은 자신의 의지와는 상관없이 아주 어릴 적부터 장애인에 대한 편견 속에서 자라기 때문이죠.

장애인들은 학교나 직장에서는 물론이고 운전면허를 따거나 보험을 들거나 병원에서 진료를 받을 때 등 일상적인 공간에서도 여러 가지 차별을 자주 받아요.

2014년 보건복지부에서 조사한 결과에 따르면, 장애인들은 '학교생활 중 또래 학생으로부터' 가장 많은 차별을 받았대요. 거의 절반에 가까운 47.1퍼센트의 장애인이 차별을 경험했다고 해요. 초등학교에 입학하거나 학교를 옮길 때 차별받은 경험도 38.8퍼센트나 되었고요. 보험 계약을 할 때 차별받은 경험도 무려 45.4퍼센트가 되었어요.

우리나라에는 '장애인차별금지법'이 있어서 장애인을 차별하지 않도록 법으로 정하고 있어요. 차별의 종류도 직접 차별, 간접 차별, 정당한 편의 제공 거부, 광고를 통한 차별, 네 가지로 나누어 설명해 놓았지요. 하나씩 자세히 얘기해 볼게요.

첫째, 직접 차별이란 장애가 있다고 해서 정당한 이유 없이 장애인을 불리하게 대하는 경우를 말해요.

예를 들어 장애인이 입학하고자 하는 학교에서 장애가 있다는 이유로 입학을 거부하는 것은 직접차별에 해당해요. 입사 시험을 보려고 하는데 "우리 회사는 장애인을 뽑지 않아요."라며 시험 볼 기회조차 주지 않는다면 이 또한 직접차별에 해당해요. 은행에서 장애인이라는 이유로 대출을 해 주지 않는다면 그것도 직접차별이지요. 안내견을 동반한 시각 장애인의 영화관 출입을 막는 것도 차별에 해당하지요.

둘째, 간접 차별은 겉으로 보기에는 장애인을 불리하게 대하는 것 같지 않은데, 들여다보면 장애를 고려하지 않아서 결과적으로 장애인이 불리해지는 상황을 말해요.

특별하지도, 모자라지도 않은

예를 들어 공무원 시험을 볼 때 모두 같은 조건에서 시험을 봐야 한다며 시각 장애인과 비장애인에게 시험 시간을 똑같이 준다고 생각해 봐요. 얼핏 보면 공평한 것 같죠?

그런데 시각 장애인은 비장애인과 같은 속도로 시험 문제를 빨리 읽을 수가 없어요. 점자로 된 시험지를 읽어야 하니까요. 이런 조건을 고려하지 않고 비장애인과 동일한 시험 시간을 제공한다면 시각 장애인은 당연히 불리할 수밖에 없는 거죠. 장애인이 가진 조건을 고려하지 않는 것도 명백한 차별이에요.

셋째, 정당한 편의 제공을 거부해서 생기는 차별이 있어요. '정당한 편의'는 장애인이 장애가 없는 사람과 동등한 활동에 참여할 수 있게 해 주는 여러 가지 수단과 조치를 가리켜요. 즉, 그 장애인이 여자인지 남자인지, 어떤 장애를 가졌으며 어느 정도 심한지, 장애에 따른 특성은 무엇인지를 고려해서 제공해 주는 편의 시설이나 설비, 도구, 서비스 등을 말하지요. 정당한 편의에는 수화 통역사나 활동 보조인 같은 사람도 물론 포함되지요. 이 정당한 편의를 제공하지 않은 경우 차별에 해당할 수 있어요.

영화관에 휠체어를 탄 지체 장애인이 이용할 수 있는 엘리베이터가 없는 것도 장애인 차별이에요. 지체 장애인도 비장애인들처럼 영화관에서 영화를 볼 수 있어야 해요. 청각 장애인이나 시각 장애인이 영화를 보려면 화면 해설이나 자막을 제공해야 하는데 그런 시설을 갖춘 영화관은 드물어요. 그래서 청각 장애인이나 시각 장애인들은 특별한 장소에서만 영화를 볼 수 있지요. 이 경우도 차별에 해당해요.

그런데 반드시 지원해 줘야 하는 '정당한 편의'는 어디까지일까요? 그것은 상황에 따라 다를 수 있지요. 보통 돈이 너무 많이 들거나, 도저히 할 수 없는 곤란한 사정이 있을 때는 편의를 제공하지 않아도 괜찮다고 인정되고 있어요.

예를 들어 어떤 학교에서 수학여행을 가는데, 장애 학생이 함께 가기 위해서는 보조 교사가 필요해요. 그런데 학교에서는 추가 지원을 해 줄 수 없다고 해서 결국 수학여행에 함께 갈 수 없다면 정당한 편의 제공 거부에 의한 차별에 해당해요. 사나흘 동안만 보조 교사 한 명이 있으면 수학여행에 함께 갈 수 있는데 이런 상황을 감당하지 못할 정도로 엄청난 돈이 들거나 곤란한 사정이 있다고 보기는 어려우니까요.

정당한 편의 중 편의 시설에 관해서는 '장애인·노인·임산부등의편의증진보장에관한법률'과 '교통약자이동편의증진법'에 자세히 정하고 있어요.

넷째, 광고를 통한 차별이 있어요. 우리가 아무 생각없이 접

특별하지도, 모자라지도 않은

하는 광고에도 차별이 숨어 있다니 신기하죠?

2014년에 어떤 렌즈 회사에서 "시력은 능력이다."라는 지하철 광고를 내건 적이 있어요. 이 광고를 보고 한 장애인 단체에서 해당 렌즈 회사에게 문제 제기를 했지요. 이 광고 문구로 인해 시력이 아주 약하거나 완전히 없는 시각 장애인은 '능력 없는 사람'으로 여겨질 수 있다는 게 이유였어요.

해당 렌즈 회사가 시각 장애인들을 차별할 의도를 가지고 광고를 만들지는 않았을 거예요. 하지만 의도하지 않았다 해도 그것이 차별에 해당할 수 있어요.

결국 그 회사는 장애인 단체의 항의를 받아들여 해당 광고를 중단했다고 해요. 자신들이 만든 광고가 많은 사람들에게 좋지 않은 영향을 미칠 수 있다는 점을 인정했기 때문이겠죠.

그러면 위와 같은 차별을 당했을 경우 장애인들은 어떻게 할까요?

먼저 그것이 왜 차별인지 근거를 들어 정확하게 밝히고, 시정해 달라고 요청하지요. 앞서 예로 든 차별적인 광고에 항의한 장애인 단체처럼 말이에요.

그래도 상황이 바뀌지 않으면 국가인권위원회에 도움을 청해요. 국가인권위원회는 장애인뿐 아니라 여성이나 아동 등 모든 사람들의 인권을 보호하기 위해 만들어진 기관이에요. 차별을 당했다고 진정을 하면 국가인권위원회에서는 조사를 하죠. 조사를 진행하고 차별했다는 사실이 인정되면 합의 또는 조정, 권고 등의 결정을 내려요.

2014년 한 해 동안 국가인권위원회에 진정된 사건의 절반 이상이 장애 때문에 차별받은 사건이었어요. 학교와 회사, 일상생활에서 장애 때문에 불리한 대우를 받는 장애인이 그만큼 많다는 뜻이겠지요.

호호 아줌마는 장애 때문에 받는 차별은 물론이고, 모든 차별이 사라지는 세상이 하루빨리 왔으면 좋겠어요. 그런 세상을 만들기 위해서는 인권 감수성을 가지고 주위를 바라봐야 해요. 세상에는 잘 들여다보지 않으면 안 보이는 차별도 많거든요. 그런 차별들로 인해 고통을 당하는 사람들이 얼마나 많은지 몰라요.

그러니 내가 '저 사람 입장이라면 어떨까?' 하고 생각하는 습관을 가져주세요. 일상의 차별을 발견하고 타인의 입장을 공감하면 할수록 자연스레 인권 감수성이 높아질 거예요.

장애인과
소통하는 법

 한 가지 분명한 건, 어떻게 해야 할지 잘 모를
때 물어보면 된다는 거예요. 의외로 간단하죠?
그런데 왜 묻지 않고 쩔쩔맬까요?

아마도 상대를 배려하는 마음 때문일 거예요. 장애인에게 장애에
대해 묻는 건 약점을 건드리는 예의 없는 행동이라는 생각이
드니까요.

하지만 장애에 대해서 얼마든지 물어봐도 돼요. 장애는 슬픈 일도
불행한 사건도 아니니까요. 장애에 대해서 이해하면 할수록
장애를 갖고 있는 사람과 더 가까워질 수 있어요.

"장애인을 만나면 어떻게 대해야 할지 잘 모르겠어요."

이렇게 말하는 사람들이 종종 있어요. 자연스러운 현상이죠. 지금까지 장애인을 만날 기회가 거의 없으니 어떻게 대해야 할지 배울 기회도 없었던 거예요.

저도 지체 장애인이지만 다른 종류의 장애를 가진 사람들에게 쉽게 다가가지 못해요. 나와 다른 경험을 가진 사람들이니 그들의 입장을 잘 모른다는 생각에 대하기가 무척 조심스러운 거죠.

처음 뇌병변 장애인과 긴 이야기를 나눴던 순간을 지금도 잊을 수가 없어요. 그분은 사고로 뇌병변 장애를 갖게 되어 말할 때 발음이 분명하지 않았죠. 그분의 말을 절반도 못 알아듣겠더라고요. 하지만 못 알아듣는 티를 내면 혹시라도 성의 없이 듣는다고 여길까 봐 겁이 났어요. 자꾸 같은 걸 물어보면 그쪽에서 얼마나 힘들까 싶어 미안한 마음도 들었고요. 이러지도 저러지도 못한 채 한 마디라도 제대로 알아들으려고 정신을 집중했어요. 한 시간 남짓 이야기를 나누고 난 뒤 저는 심한 편두통에 시달려야 했어요.

지금은 워낙 많은 장애인들을 만나다 보니 말이 분명하지 않은 언어 장애인과 대화하는 데 익숙해져서 특별한 경우를 빼놓고는 의사소통에 그리 큰 어려움을 느끼지 않게 되었지만

179

그때의 기억이 여전히 생생해요.

　호호 아줌마도 이런 형편이니 비장애인이 장애인을 대하기 어려워하는 것도 충분히 이해가 돼요. 장애인에 대해 잘 모르는 것도 당연하다 싶고요. 그렇다고 미리부터 장애인과의 대화에 겁을 먹고 포기하지는 말아 주세요. 단번에 가까워질 수야 없겠지만 소통할 수 있는 방법은 분명 있을 거예요.

　한 가지 분명한 건, 어떻게 해야 할지 잘 모를 땐 물어보면 된다는 거예요. 의외로 간단하죠? 그런데 왜 묻지 않고 쩔쩔맬까요? 아마도 상대를 배려하는 마음 때문일 거예요. 장애인에게 장애에 대해 묻는 건 약점을 건드리는 예의 없는 행동이라는 생각이 드니까요.

　하지만 장애에 대해서 얼마든지 물어봐도 돼요. 장애는 슬픈 일도 불행한 사건도 아니니까요. 장애에 대해서 이해하면 할수록 장애를 갖고 있는 사람과 더 가까워질 수 있어요.

　다만 단순한 호기심으로 접근하거나 "너는 왜 보통 사람과 이런 점이 달라?"라는 식의 질문, 장애인의 입장에서 대답할 수 없는 질문을 던진다면 진정한 대화를 나누기 어려워요. 장애인의 삶에 대해 진정 알고 싶어 하는 마음을 가지는 게 중요해요.

잘 모르면서 물어보지도 않고 혼자만의 짐작으로 '이렇게 하면 좋아하겠지?' 하고 멋대로 짐작했다가 오히려 큰 실수를 할 수가 있어요.

예를 들어, 길에서 만난 뇌성마비 장애인이 교통편을 물어 봤다고 생각해 봐요. 몇 번 버스를 타야 하는지 물었는데, 목적지가 상암동인지 응암동인지 정확하게 알아듣지 못했어요. 그런데도 실례가 될까 봐 다시 묻지 않고 응암동으로 가는 버스를 알려 주었어요. 만약 그 사람이 가려던 목적지가 상암동이었다면 어떻게 될까요? 버스를 잘못 타서 고생을 할 게 뻔하고, 길을 잘못 가르쳐 준 사람을 원망할지도 모르지요.

이런 경우가 그리 흔할까 싶겠지만 일상생활에서 흔히 벌어지는 일들이에요. 짜장면을 먹겠다고 했는데 짬뽕을 먹게 된다거나, 민재라는 친구와 통화를 하고 싶었는데 민지와 통화를 하게 되는 경우가 허다해요.

뇌병변 장애인 중에서 뇌성마비 장애인들은 말을 할 때 몸이 뻗치거나 굳는 일이 일어나기 때문에 말하기가 힘들어요. 때로는 자신의 말을 상대방이 알아들을 수 없다고 여겨 말을 하지 않고 참는 경우도 있어요. 하지만 그 사람이 말하는 모습이 힘들어 보인다고 해서 말을 시키지 않는 태도는 바람직하지 않아요. 말을 지나치게 천천히 하거나 어린아이에게 하듯이 타이르듯 말하는 것도 큰 실례예요. 뇌성마비 장애인이 말을 천천히 하거나 어눌하게 한다고 해서 남의 말을 잘 못 알아듣는 게 아니에요. 그러니 보통 사람들에게 하듯이 말하면 되지요.

다시 한 번 강조하지만, 정확하게 알아듣지 못했을 경우에는 몇 번이고 다시 물어보는 게 좋아요. 미루어 짐작하거나 자신이 대충 이해한 대로 행동에 옮기지 말아야 해요. 종이나 핸드폰에 글씨를 써서 의사소통 하는 것도 좋은 방법이에요.

특히 조심할 것이 있어요. 뇌병변 장애인이 못 알아듣는다고 생각하고 옆에 있는 사람에게 대신 말을 걸어서는 안 돼요. 언어 장애가 있는 사람들은 말을 잘 못하는 것이지 못 알아듣는 건 아니거든요. 그런데 장애인에 대해 잘 모르는 사람들은 '말을 잘 못하니까 알아듣지도 못할 거야.'라고 쉽게 생각해 버려요. 그래서 아예 장애인과 대화를 시도하지 않거나 옆 사람에게 대신 말을 걸죠.

얼마 전 일이었어요. 제가 아는 뇌성마비 장애 학생 시은이가 친구와 함께 엄마의 생일 선물을 사기 위해 화장품 가게에 들렀대요. 시은이는 말이 좀 서툴기는 해도 걷는 데는 크게 불편을 느끼지 않아요. 무얼 사면 좋을지 둘이서 소곤거리고 있는데 점원이 다가와서 상냥하게 물었어요.

"필요한 게 뭐니?"

점원은 시은이 말고 친구인 민지에게 물었어요. 정작 화장품을 살 사람은 시은이인데 말이죠. 아마도 시은이의 걸음걸이나 둘이서 속삭이는 소리를 듣고 시은이에게 장애가 있다는 걸 알았을 거예요. 그래서 비장애인 민지에게 물은 거겠죠.

"제가 아니고 이 친구가 살 거예요."

민지는 시은이가 화장품을 사러 왔다고 말해 주었대요. 그런데도 점원은 민지에게 계속 물었다고 해요.

"그래? 쟤는 뭐가 필요하대니?"

시은이의 기분이 어땠겠어요? 자신도 다 알아듣는데 굳이 옆 사람에게 묻고 있으니 대단히 실례인 거죠. 이런 일은 아주 흔해요.

만약 장애인에게 용건이 있다면 먼저 장애인에게 질문을 하고 답을 들어야 해요. 답을 잘 알아듣지 못한 경우에는 옆에 있는 비장애인 친구에게 물어볼 수 있겠죠. 장애인 입장에서는 대답할 기회조차 주어지지 않는 것과 내 대답을 상대가 알아듣지 못한 것은 엄연히 다르니까요.

언어 장애가 없는 시각 장애인과는 별다른 어려움 없이 대화할 수 있을 거예요. 시력이 어느 정도인지, 완전히 보이지 않는지, 흐릿하게 형체만 보이는지, 사물은 구별할 수 있는지 알아 두면 친해지는 데 도움이 되죠.

우리는 입으로 하는 말 말고도 눈짓, 표정, 손짓, 몸짓 같은 여러 가지 소리 내지 않는 방식으로 이야기를 해요. 그런데 시각 장애인들은 말로 하지 않으면 알아들을 수 없어요. 그러니 시각 장애인과 대화할 때는 몸짓, 손짓보다는 소리 내어 자세하게 말로 표현해 주는 게 좋답니다.

청각 장애인과는 어떻게 소통해야 할까요? 수화를 사용하는 청각 장애인과 대화할 때는 수화 통역사가 필요하지요. 수화를 사용하지 않고 구화를 하는 청각 장애인도 있어요. 입술 모양으로 뜻을 알아보고, 자기도 그렇게 소리 내어 말하는 거지요. 이때는 입술의 움직임이 보이도록 서로 똑바로 쳐다보며 말해야 하고, 발음을 또박또박하면 좋아요. 입 모양만 보고 파악하는 것은 한계가 있으니 글씨를 써 가면서 대화한다면 내용을 정확하게 이해하는 데 도움이 되죠. 이때도 완전히 상대방의 뜻을 파악할 때까지 몇 번이고 되물어서 의사소통을 할 필요가 있어요.

발달 장애인과 소통할 때는 인형이나 그림 등 다양한 도구를 활용할 수 있어요. 어떤 상황을 설명할 때 인형이나 그림,

사진 등 이해하기 쉬운 자료를 활용하면 소통이 잘 될 수 있죠. 그렇다고 발달 장애인과 대화할 때 무조건 그림이나 인형을 사용해야 하는 건 아니에요. 장애가 심하지 않은 발달 장애인의 경우는 일상적인 대화를 나누는 게 가능한데 되도록 단순한 단어를 사용하고 상세하게 표현하면 좋아요.

발달 장애인이 성인일 경우 어린아이 같은 행동을 하더라도 함부로 이름을 부른다거나 반말을 해서는 안 된다는 점도 꼭 기억해 주세요.

이런 소통 방법들도 중요하지만 가장 중요한 게 있어요. 의사소통의 시작은 관심이지요. 상대에게 관심을 가지면 얼마든지 소통할 수 있어요.

발달 장애인 아이를 둔 엄마가 쓴 창작 동화 《여우야 여우야》(최은영 글, 김병무 그림, 나린글, 2016)에는 동생 건우가 형 연우를 '여우야'라고 불러요. 그런데 연우는 그 말이 자신을 부르는 말인 줄 꿈에도 몰라요. 건우가 말을 제대로 못한다고만 생각했거든요. 왜 만날 외계어 같은 말만 하는지 도통 이해하지 못했어요. 그런데 엄마는 건우의 말을 다 알아들어요. 참 신기한 일이죠?

연우는 왜 동생의 말을 알아듣지 못했을까요? 동생을 보살

피긴 했지만 엄마만큼 깊은 관심을 가지진 못한 거죠. 친구들이 건우의 존재를 알게 될까 봐 학교에서는 멀리하기까지 했으니까요. 그러니까 건우가 "연우야, 연우야" 부르는 소리가 "여우야, 여우야"로 들린 거죠.

세상에 알아듣지 못할 말은 없답니다. 우리가 관심을 갖고 알아들으려 하지 않기 때문에 제대로 알아듣지 못할 뿐이지요. 그러니 장애인들이 어떤 말을 하는지 장애인들의 목소리에 귀 기울여 주었으면 해요.

특별하지도, 모자라지도 않은

휠체어 여행가
전윤선

여러분은 여행을 좋아하나요?

어떤 여행지가 가장 기억에 남나요?

제 주변에는 서른 살이 되어서야 처음 바다를 보았다는 친구들이 있어요.

장애인들은 아직까지 학교나 회사에도 다니기 힘든 환경이니 여행은 꿈도 꾸기 어렵죠. 또 사람들이 많이 찾는 유적지, 관광지일수록 장애인들이 쉽게 들어갈 수 없는 곳이 수두룩해요. 곳곳에 계단과 턱이 도사리고 있죠. 그러니 자유로운 여행은 엄두가 나지 않을 수밖에요.

그런데 휠체어를 타고 우리나라는 물론 전 세계로 여행을 다니는 사람이 있어요. 바로 장애인 여행가 전윤선 씨랍니다. 전윤선 씨는 글도 많이 써서 작가로도 알려져 있어요.

전윤선 작가는 온몸이 서서히 마비되는 근육병으로 10년 전쯤부터 지체 장애를 갖게 되었어요. 예전부터 여행을 좋아했는데, 장애가 생기니 예전처럼 자유롭게 다닐 수가 없었죠. 그래도 포기하지 않고 전동 휠체어를 타고 여행을 다녔어요. 장애로 인해 여행을 망설이는 분들에게 길을 열어 주고 싶었대요.

저는 전윤선 작가와 함께 호주로 연수를 다녀온 적이 있어요. 호주는 어딜 가나 장애인을 위한 편의 시설이 잘되어 있어요. 코알라와 캥거루, 그리고 악어 같은 야생 동물을 볼 수 있는 동물원도 휠체어를 타고 얼마든지 들어갈 수 있어요.

케이블카도 탈 수 있지요. 시내 웬만한 식당도 휠체어가 들어가는 데 무리가 없어요. 심지어 야경을 보기 위해 올라간 시드니 타워의 매표소 앞에 설치된 자판기에는 휠체어 탄 장애인이 누르기 쉽도록 버튼이 아래쪽에 붙어 있어요. 장애인을 위한 세심한 배려에 연신 감탄했죠.

연수 마지막 날 밤, 일행 중 몇 명은 모노레일을 타기 위해 밤길을 나섰어요. 모노레일은 한 가닥 철길을 달리는 열차예요. 시내 교통수단으로 관광객들도 많이 이용해요.

우리 일행은 전동 휠체어가 세 대, 수동 휠체어가 두 대여서 수동 휠체어가 전동 휠체어의 한쪽을 잡고 2인 1조로 달려 모노레일을 타러 갔어요. 모두가 모노레일을 타는 데 아무 걸림돌이 없었지요. 모노레일에서 내린 뒤에도 우리는 여전히 2인 1조로 달렁하버 항 구석구석을 누비고 다녔어요. 백조라도 된 것 같은 자유로운 느낌을 그때 처음 느껴 보았어요. 1년 365일 이렇게 자유로울 수 있었으면 좋겠다는 생각을 했어요. 저도 전윤선 작가도,

모두가 같은 마음이었을 거예요.

숙소로 돌아오는 길목에서 건널목을 건너기 위해 잠시 서 있는데, 택시 기사가 엄지손가락을 들어 보이며 우리를 응원해 주었어요. 한국 같았으면 손가락질을 받았을지도 모를 일이었죠.

연수에 참여한 사람들이 느낀 점은 저마다 조금씩 달랐을 거예요. 하지만 호주 여행을 통해 더 넓은 세상과 만났고 생각이 커진 건 분명해요. 여행에서 돌아온 뒤 우리들은 각자의 자리에서 더 열심히 앞으로 나아가고 있으니까요.

전윤선 작가는 '휠체어 배낭 여행'이라는 인터넷 카페를 운영하고 있어요. 장애인 인터넷 신문 〈에이블 뉴스〉에 여행 칼럼을

ⓒ권민혜

전윤선 여행가와 함께한 호주 여행
호주 연수 중 장애 관련 기관 방문 장면. 맨 왼쪽이 필자

기고하면서 많은 장애인들에게 여행에 대한 질문을 받은 것이 계기가 되었죠. 실시간으로 장애인들과 소통해야겠다는 생각에서 카페를 운영하게 되었어요. 인터넷 카페를 운영하면서 장애인 회원들과 함께 여행도 다니고 있어요. 여행을 다니면서 장애인을 위해 바뀌어야 할 점이 보이면 바로잡는 활동도 하고 있지요. 전윤선 작가는 여행을 통해 세상을 바꿔 나가고 있는 거예요.

장애인들에게는 아직도 갈 수 없는 곳이 정말 많아요. 그래서 때론 눈앞에서 장벽을 확인하고 발길을 돌릴 때도 있지요. 하지만 갈 수 없는 곳에 도전하고, 잘못된 제도를 바꾸어 낼 때의 성취감은 이루 말할 수 없을 만큼 크지요.

경상남도의 통영은 한국의 나폴리라는 별명을 가진 곳이에요. 이순신 장군의 한산대첩이 통영 한산도에서 있었고, 우리나라 최초로 벽화 마을이 탄생된 곳이기도 해요. 교통편이 버스밖에 없어서 장애인이 가기 힘든 곳이었는데 KTX가 마산역까지 이어지면서 통영 여행을 할 수 있게 되었지요. 때마침 경상남도에 장애인 콜택시가 생겼고요.

전윤선 작가는 장애인과 여행의 즐거움을 함께하고자 대한민국 구석구석 휠체어를 타고 누비고 다녀요. 주로 버스나 지하철, 기차 같은 대중교통을 이용해서 여행을 많이 하지요. 장애인들이 사람들 눈에 많이 띄어야 편견이 사라지니까요.

특별하지도, 모자라지도 않은

대부분의 사람들이 여행을 좋아하는 것처럼 장애인도 여행하기를 원해요. 전윤선 작가는 그런 장애인들의 길잡이가 되어 주고 있어요. 휠체어 여행가로서의 경험을 많은 사람들과 나누고자 2015년에는 《익숙한 풍경, 낯선 이야기》라는 책도 펴냈지요.

나 혼자만 여행을 즐기는 데 그치지 않고 무수한 도전을 통해 여럿이 함께 즐길 수 있는 여행을 만들어 가는 전윤선 작가.

앞으로의 여행도 기대가 됩니다.

특별하지도, 모자라지도 않은

첫 번째 찍은 날 | 2017년 4월 13일
다섯 번째 찍은 날 | 2022년 8월 23일

글 김효진 | 그림 김숙경
펴낸이 이명회 | 펴낸곳 도서출판 이후 | 편집 김은주

표지 및 본문 디자인 | (주)끄레 어소시에이츠

글 ⓒ 김효진, 2017
그림 ⓒ 김숙경, 2017

등록 | 1998. 2. 18.(제13-828호)
주소 | 10449 경기도 고양시 일산동구 호수로 358-25(동문타워 2차) 1004호
전화 | (영업) 031-908-5588 (편집) 031-908-1357 팩스 02-6020-9500
블로그 | blog.naver.com/dolphinbook
페이스북 | facebook.com/smilingdolphinbook

ISBN | 978-89-97715-47-3 43300

이 도서의 국립중앙도서관 출판예정도서목록(CIP)은
서지정보유통지원시스템 홈페이지(http://seoji.nl.go.kr)와
국가자료공동목록시스템(http://www.nl.go.kr/kolisnet)에서 이용하실 수 있습니다.
(CIP제어번호: CIP2017007699)

웃는돌고래 는 〈도서출판 이후〉의 어린이책 전문 브랜드입니다.